ADOLPHE JOANNE

GÉOGRAPHIE

DE

TARN-ET-GARONNE

8 gravures et une carte

HACHETTE ET CIE

GÉOGRAPHIE

DU DÉPARTEMENT

DE

TARN-ET-GARONNE

AVEC UNE CARTE COLORIÉE ET 8 GRAVURES

PAR

ADOLPHE JOANNE

AUTEUR DU DICTIONNAIRE GÉOGRAPHIQUE ET DE L'ITINÉRAIRE
GÉNÉRAL DE LA FRANCE

———

PARIS

LIBRAIRIE HACHETTE ET Cⁱᵉ

79, BOULEVARD SAINT-GERMAIN, 79

—

1881

TABLE DES MATIÈRES

LISTE DES GRAVURES

1606. — Typographie A. Lahure, rue de Fleurus, 9, à Paris.

DÉPARTEMENT

DE

TARN-ET-GARONNE

I. — Nom, formation, situation, limites, superficie.

Le département de Tarn-et-Garonne doit son *nom* à deux grandes et belles rivières qui l'arrosent : la Garonne, qui le traverse du sud-est au nord-ouest, et le Tarn, qui en baigne le chef-lieu et y termine son cours.

Il a été *formé* de divers pays ayant appartenu au **Languedoc**, à la **Guyenne** et à la **Gascogne**. La première de ces provinces comprenait Castelsarrasin et s'étendait jusqu'aux portes de Montauban, au sud ; elle a fourni 55,000 hectares. De la Guyenne dépendaient le *Rouergue*, qui a fourni 28,000 hectares, le *Quercy* et plus particulièrement le *Haut-Quercy*, dont Montauban était la capitale et auquel ont été empruntés 175,000 hectares, et l'*Agenais*, qui a donné 28,000 hectares y compris Moissac. 85,000 hectares ont été pris sur l'*Armagnac* et sur la *Lomagne*, pays gascons.

Avant d'être incorporés dans Tarn-et-Garonne, ces territoires avaient servi à former, en 1790, les départements de la Haute-Garonne, du Tarn, de l'Aveyron, du Gers, de Lot-et-Garonne et surtout du Lot. Castelsarrasin se trouvait dans la Haute-Garonne, Montauban dans le Lot, Moissac dans Lot-et-Garonne. L'organisation actuelle ne date que de 1808.

Tarn-et-Garonne est *situé* dans la région girondine, ou région du Sud-Ouest de la France. Montauban, son chef-lieu, se trouve à 1° (ou plus exactement à 0° 59′ 6″, en prenant le méridien du clocher de Saint-Jacques) de longitude O. et à

44° 1' de latitude N.; sa distance de Paris est de 550 kilomètres à vol d'oiseau, de 721 par le chemin de fer le plus direct (Orléans, Limoges, Périgueux et Agen; il y a 8 kilomètres de plus par la ligne dite de Paris à Montauban, qui passe par Brive et Lexos). Deux départements séparent, à l'ouest, Tarn-et-Garonne de l'Océan : ce sont Lot-et-Garonne et la Gironde; deux autres, à l'est, le Tarn et l'Hérault, le séparent de la Méditerranée.

Le département est *borné :* à l'ouest, par Lot-et-Garonne, au nord, par le Lot, à l'est, par l'Aveyron et le Tarn, au sud, par la Haute-Garonne et le Gers. Ses limites ne sont naturelles que sur une partie du cours de l'Aveyron et le long de quelques rivières moins importantes, sur quelques kilomètres à peine ; partout ailleurs, sa forme est déterminée par une ligne idéale qui coupe au hasard les vallées ou les collines.

La *superficie* de Tarn-et-Garonne est de 372,000 hectares ou 3,720 kilomètres carrés. Sous ce rapport, il tient le 83e rang parmi les départements français : il est par conséquent un des plus petits. Comme il fut formé plus tard au préjudice de départements qui existaient déjà, on n'osa pas trop le grossir pour ne pas trop réduire ses voisins.

II. — Physionomie générale.

Le département de Tarn-et-Garonne est partagé en deux régions topographiques, inégales d'étendue, de hauteur et d'aspect : la plus vaste et la plus élevée s'étend à droite et au nord-est de la Garonne, la plus petite et la plus basse à gauche, au sud-ouest. La Garonne et ses plaines, les plaines du Tarn et celles du cours inférieur de l'Aveyron séparent ces deux principales divisions naturelles.

Au nord-est, les plateaux et les collines montent insensiblement depuis le fleuve jusqu'aux confins des départements du Lot et de l'Aveyron, pour se rattacher beaucoup plus loin soit au massif du Cantal, dont le point culminant, le Plomb du Cantal, atteint 1,858 mètres, soit moins directement à la chaîne des Cévennes, que domine, à 1,754 mètres d'altitude, le Mézenc. C'est tout près de la limite de l'Aveyron et non loin de celle du Lot que se trouve, à 498 mètres au-dessus de la mer, le point le plus élevé de Tarn-et-Garonne.

Du côté opposé du département, c'est-à-dire au-dessus de la rive gauche de la Garonne, la hauteur des collines n'est plus que de 150 à 277 mètres (sommet d'un coteau faisant partie de la commune de Gariès, au sud de Beaumont-de-Lomagne). Cette partie du bassin de la Garonne se rattache, par les collines du Gers, au plateau de Lannemezan, élevé de 450 à 660 mètres, et formé lui-même des débris de glaciers projetés avant les temps historiques par la grande chaîne des Pyrénées.

A proprement parler, le département de Tarn-et-Garonne n'a guère de collines. Ce sont, ici, des plateaux plutôt larges et monotones s'abaissant brusquement en berges profondes vers les bords des rivières, là, un chaos d'ondulations sans caractère, ailleurs, des promontoires dominant le confluent de deux cours d'eau et portant d'anciennes places fortifiées. Les plus larges plateaux sont en même temps les plus élevés au-dessus de la mer ; leur constitution géologique les rapproche des *causses* ou plateaux calcaires du Lot et de l'Aveyron, dont ils sont peu éloignés ; mais ils sont moins désolés, moins froids et plus fertiles ; une grande partie est couverte de forêts. Le principal d'entre eux s'étend de la rive droite de l'Aveyron et de son affluent, la Bonnette, au Candé. Sa plus grande longueur est de 27 kilomètres du nord-est au sud-ouest, sa plus grande largeur est de 10 kilomètres ; il renferme peu de communes, mais un grand nombre de petits hameaux dispersés. Un plateau d'un caractère analogue, mais beaucoup moins étendu, fait face au précédent sur la rive gauche de l'Aveyron et franchit les limites de Tarn-et-Garonne pour pénétrer dans le Tarn ; il est soutenu, au-dessus de Saint-Antonin, par des rochers à pic, qui sont une des célébrités géologiques de la contrée.

Entre le plateau de la rive droite de l'Aveyron et l'extrême limite orientale du département se trouve une région plus profondément coupée, la seule dont les hauteurs aient réelle-

ment l'aspect de collines ou de montagnes. Quelques-unes de
ces hauteurs, aux pentes rapides, sont dénudées sur leurs flancs
ou à leur sommet ; toutefois si l'agriculture en retire peu de
produits, l'industrie y exploite de la pierre excellente.

Du côté opposé, c'est-à-dire en avançant de l'est à l'ouest,
vers l'intérieur du département, en se maintenant au-dessus
des rives droites de l'Aveyron, du Tarn et de la Garonne, on
trouve d'incessantes et profondes ondulations, mais beaucoup
moins élevées ; les plus hautes ne dépassent guère 300 mètres.
Ces ondulations constituent en certains endroits de véritables
chaînes de collines auxquelles le cours des rivières, se dirigeant
toutes vers la Garonne, imprime des directions presque paral-
lèles et légèrement rayonnantes.

De la rive gauche de la Garonne s'élève en sens opposé une
région à peu près analogue, se rattachant au plateau de Lannemezan, et dont le point culminant, au sud de Beaumont-de-
Lomagne, près des confins du Gers, n'atteint que 277 mètres
d'altitude. Ces collines de la rive gauche du fleuve participent
de la nature du grand éventail tournant autour du plateau de
Lannemezan, éventail dont elles forment une partie assez
considérable. Elles dominent de gracieux vallons et deux vallées de prairies où serpentent deux rivières très-pauvres
en été, la Gimone et l'Arrats. Leur sol est argileux ; le sous-
sol, composé de schistes et de cailloux roulés, ne produit
que très-peu de pierres de construction : la brique, les cailloux et la terre séchée au soleil sont presque les seuls maté-
riaux employés dans les constructions particulières.

Entre les grands cours d'eau qui arrosent le département
s'arrondissent des collines, à peine sensibles entre la Garonne
et le Tarn, dont les vallées semblent ne former qu'une seule
plaine, mais bien plus accentuées entre le Tarn et l'Aveyron.
Ces collines et ces coteaux abritent les jolis vallons du Tescou
et du Tescounet, et ont, en général, de 200 à 225 mètres ; mais,
au-dessus de Bruniquel, les collines coupées à pic qui resserrent
les gorges de la Vère ont 220 à 280 mètres de hauteur au-dessus du torrent, soit 303 et 380 mètres au-dessus de la mer. Le

plateau que portent les rochers d'Anglars, au sud de Saint-Antonin, a 370 mètres d'élévation.

Sur tout leur parcours dans le département; la Garonne et le Tarn roulent majestueusement leurs eaux à travers de larges vallées couvertes de villes, de jolis villages et de champs fertiles ; l'Aveyron, au contraire, si l'on excepte quelques kilomètres de son cours inférieur, se précipite en écumant dans une des gorges les plus sauvages du Midi. Cette gorge, que le che-

L'Aveyron à Saint-Antonin.

min de fer de Montauban à Lexos remonte, grâce à de nombreux travaux d'art, tranchées, remblais, ponts, galeries et tunnels, se partage entre les départements de l'Aveyron et du Tarn et celui de Tarn-et-Garonne, où l'on admire surtout : Saint-Antonin et les rochers à pic d'Anglars, hauts de 250 mètres au-dessus de l'Aveyron, Bruniquel et les roches perpendiculaires que couronnent les débris de son château féodal.

A Bruniquel débouche la vallée pittoresque de la Vère, semblable en petit à celle de l'Aveyron.

Au-dessous de Montauban, les vallées de la Garonne, du Tarn et de l'Aveyron, séparées par des lignes de faîte inappréciables, forment une plaine immense et verdoyante, d'une grande fertilité. Après avoir coulé au pied des collines de Moissac, remarquables par leur hauteur de 80 mètres au-dessus de la rivière, leurs versants rapides, leurs vignes et leurs vergers, le Tarn se verse dans la Garonne. C'est à peu près à partir de ce point que la vallée se rétrécit; les collines de la rive dr. et celles de la rive g. commencent à se rapprocher tour à tour, hautes et bien découpées, de la Garonne, qui va arroser à peu de distance les campagnes de l'Agenais.

Le point où la Garonne quitte le département n'est élevé que de 50 mètres au-dessus de la mer; il est par conséquent à 448 mètres plus bas que le sommet culminant de Tarn-et-Garonne.

A part les villes et les villages qui se pressent et prospèrent dans les larges vallées des grands cours d'eau, la plupart des chefs-lieux de commune du département de Tarn-et-Garonne sont bâtis sur les hauteurs, où ils s'étaient successivement établis, au commencement du moyen âge, pour jouir de la protection des forteresses féodales et pour s'entourer eux-mêmes de remparts moins accessibles. Dans les vallées secondaires, les localités composées de plus de vingt ou trente maisons sont fort rares.

Voici, d'après les cartes de l'État-major français, quelle est l'altitude respective des chefs-lieux de canton du département, en commençant par les plus élevés : Montpezat, 260 mètres; — Caylus, 220; — Lavit, 217; — Bourg-de-Visa, 215; — Monclar, 203; — la Française, 190; — Lauzerte, 180; — Molières, 170; — Montaigu-de-Quercy, 160; — Beaumont-de-Lomagne, 135; — Auvillar, 120; — Caussade, 115; — Saint-Antonin, 110; — Verdun, Grisolles, 108; — Montech, 103; — Villebrumier, 100; — Négrepelisse, 98; — Montauban, au pied du clocher de Saint-Jacques, 97; — Castelsarra-

Branique!

sin, au pied du clocher de Saint-Sauveur, 82 ; — Saint-Nico-
las-de-la-Grave, 74 ; — Moissac, au seuil de l'église Saint-
Pierre, 72 ; — Valence-d'Agen, 65. — La commune la plus
élevée est Castanet, dont le chef-lieu est à 420 mètres d'altitude.

III. — Cours d'eau.

Le département de Tarn-et-Garonne appartient tout entier
au bassin de la Garonne, dont il forme à peu près le point
central. Il est traversé par le fleuve et l'un de ses trois principaux affluents.

La **Garonne**, qu'on appelle à tort le « fleuve gascon, »
et dont le bassin appartient principalement à l'ancienne province de Guyenne, entre dans Tarn-et-Garonne en amont de
Grisolles, par 95 mètres d'altitude, après avoir parcouru
199 kilomètres dans la Haute-Garonne et 21 kilomètres en
Espagne, si l'on considère comme sa source le Goueil de Jouéou,
l'une des curiosités pyrénéennes. Elle arrose une large plaine
où se trouvent à sa droite Grisolles, Montech, Castelsarrasin
et Valence, à sa gauche Verdun, Saint-Nicolas et Auvillar.
Verdun et Auvillar sont les deux seules villes que ses eaux
puissent atteindre. A Auvillar, bien que grossie du Tarn, la
Garonne a l'espace moins libre, et c'est dans une sorte de défilé
que s'opère, par 52 mètres d'altitude, sa sortie du département, où elle a parcouru, dans la direction de l'est-sud-est
à l'ouest-nord-ouest, une longueur de 75 kilomètres.

Les deux parties du bassin de la Garonne, celle de la rive
droite et celle de la rive gauche, sont fort inégales dans le
département, non-seulement par leur étendue, mais encore
par l'abondance de leurs eaux. La plus riche comme la plus
vaste est celle de la rive droite, ou du nord, bien que le nombre
des affluents y soit moins considérable.

Par la rive droite, la Garonne, à part quelques ruisseaux
insignifiants, ne reçoit directement que le Tarn et la Bargue-

lonne, auxquelles il faut ajouter la Séoune, qui ne lui parvient que dans le département de Lot-et-Garonne.

Lorsque le **Tarn** arrive dans le département qui lui doit la première moitié de son nom, il a déjà parcouru 317 kilomètres et quatre départements : la Lozère, où il prend sa source ; l'Aveyron, où il reçoit la Dourbie et le Dourdou ; le Tarn, où il reçoit l'Agout ; et la Haute-Garonne, où il sort des gorges coupées à pic qui lui ont valu parmi les touristes une si grande renommée. Ce n'est plus, dans Tarn-et-Garonne, qu'une rivière sans majesté ; mais il y conserve ses hautes berges qui se réflètent dans ses eaux souvent rougeâtres. Il y entre par 75 mètres d'altitude ; à gauche, sa vallée, déjà fort basse, finit par s'aplanir tout à fait et par former une seule vallée avec celle de la Garonne ; à droite, les collines, plus hautes et plus fortement dessinées, s'écartent insensiblement dès que la rivière a dépassé Villebrumier, non cependant sans se rapprocher de nouveau à Corbarieu et à Montauban. En aval de cette ville, les vallées du Tarn, de la Garonne et de l'Aveyron ne forment plus qu'une large plaine ondulée. Quand il a reçu ce dernier cours d'eau, le Tarn décrit des méandres qui le rejettent deux fois contre les collines de la Française et ensuite contre les coteaux au pied desquels est bâtie en amphithéâtre la ville de Moissac. C'est à 4 kilomètres de Moissac que s'opère le confluent, par 60 mètres d'altitude. La longueur du Tarn dans le département est de 58 kilomètres.

Le Tarn est navigable officiellement depuis Albi, c'est-à-dire sur 146 kilomètres de longueur ; mais il ne porte guère de bateaux. Il roule à l'étiage (c'est-à-dire aux plus basses eaux) 25 mètres cubes d'eau par seconde, volume décuplé pendant les inondations qui, grâce à la hauteur constante de ses rives, sont rarement un danger pour les campagnes.

[Le Tarn reçoit : à droite, le Tescou, l'Aveyron et le Lemboulas qui ont tous des affluents ; à gauche, de nombreux ruisseaux dont trois seulement, le ruisseau de Fronton, le Rieutort et la Larone, méritent d'être mentionnés.

Le *Tescou*, long de 50 kilomètres, prend sa source dans le département du Tarn, au pied de la colline de Broze (296 mètres), entre Gaillac et Castelnau-de-Montmiral. Il lui reste 20 kilomètres à parcourir quand il entre dans Tarn-et-Garonne dans une vallée vigoureusement dessinée vers laquelle s'avancent à droite quelques promontoires jadis fortifiés. En vue de l'ancienne abbaye de Bonrepaux, il se grossit, à droite, du *Tescounet*, ruisseau de 24 kilomètres qui lui aussi est parvenu à se faire une vallée et qui passe au pied de la colline de Monclar. Le Tescou verse dans le Tarn ses eaux verdâtres par 72 mètres d'altitude, à 100 mètres environ du pont de Montauban, entre cette ville et son faubourg de Sapiac. Son cours, de même que celui du Tescounet, offre très-peu de sinuosités; sur certains points, il est aussi droit que les lignes d'un canal de navigation.

L'**Aveyron**, peu abondant pour sa longueur (240 kilomètres) et l'étendue de son bassin, a déjà parcouru, par de grands détours, le département auquel il a donné son nom quand il atteint la limite de Tarn-et-Garonne. Il reçoit aussitôt à gauche l'importante et belle rivière du *Viaur*, qui n'appartient au département que par 4 kilomètres de son cours inférieur, puis il sert de limite entre le Tarn et Tarn-et-Garonne, sur une longueur de 26 kilomètres, et s'engage dans ce dernier. Il quitte un instant ses belles gorges puis y rentre de Saint-Antonin à Bruniquel, non sans être un instant sorti de Tarn-et-Garonne pour pénétrer dans un coin du département du Tarn. A partir de Bruniquel, il appartient définitivement à Tarn-et-Garonne, où il lui reste à parcourir 54 kilomètres. Il arrose Montricoux, Négrepelisse, passe au pied des ruines informes de Cos et se jette dans le Tarn par 68 mètres d'altitude. C'est une des rivières les plus sinueuses du Midi; sa rive droite est constamment dominée, au-dessous de Bruniquel, par des collines aux versants rapides tandis que sur la gauche les coteaux s'éloignent et permettent à sa vallée de s'unir à celle du Tarn. — Les principaux affluents que l'Aveyron reçoit dans Tarn-et-Garonne sont : à droite, la *Baye*

(12 kilomètres), la *Seye* (20 kilomètres), la *Bonnette* (25 kilomètres), qui passe à Caylus et à Saint-Antonin, et la *Lère* grossie du *Candé* (46 kilomètres), qui arrose Caussade; à gauche, la *Vère* (60 kilomètres, dont 5 seulement dans Tarn-et-Garonne), le *Goueyré* (11 kilomètres) et la *Tauge* (20 kilomètres), grossie du *Tordre* et de l'*Anole*.

Le *Lemboulas* ou *Emboulas* appartient au département sur 46 kilomètres de sa longueur, qui est en tout de 61 kilomètres. Il passe au pied de la colline de Molières, reçoit à gauche le *Petit Lembous* (19 kilomètres), à droite la *Lutte* (28 kilomètres, dont 11 dans le département), puis le *Grand Lembous* (19 kilomètres), et se jette dans le Tarn par 60 mètres d'altitude.

Le *ruisseau de Fronton* (17 kilomètres) tire son nom de la commune de Fronton (Haute-Garonne), dont il arrose le territoire avant d'entrer dans Tarn-et-Garonne.

Le *Rieutor* ou *Rieutort* (16 kilomètres), qui passe à Campsas, reçoit à droite la *Margasse*, de 2 kilomètres plus longue que lui.

La *Larone* (24 kilomètres) passe à la Villedieu.]

La *Barguelonne*, ainsi que ses deux principaux affluents, prend sa source dans le département du Lot. Elle entre dans Tarn-et-Garonne par 146 mètres d'altitude et après 17 kilomètres de cours, mais n'y traverse aucune localité remarquable. En vue de Montesquieu, elle reçoit à droite la *Petite Barguelonne* (55 kilomètres), qui, au-dessous de Lauzerte, se grossit elle-même du *Lendou* (25 kilomètres). A son embouchure dans la Garonne, entre Golfech et la Magistère, la Barguelonne a parcouru 65 kilomètres.

La *Séoune* n'appartient à Tarn-et-Garonne que par son cours moyen. Elle arrive du Lot par 161 mètres, après 17 kilomètres de cours, atteint la limite de Lot-et-Garonne à 27 kilomètres plus loin, la suit sur 4 kilomètres et entre définitivement dans Lot-et-Garonne pour atteindre le fleuve en amont d'Agen. Sa longueur totale est de 66 kilomètres. La *Petite*

Séoune, principal affluent de la Séoune, à droite, appartient au département par son cours supérieur : 16 kilomètres sur 35.

Les affluents de gauche de la Garonne sont tous peu abondants. Aucun n'est comparable au Tarn ou même à son sous-tributaire le Viaur. Les plus longues de ces rivières viennent du plateau de Lannemezan, situé entre les départements des Hautes-Pyrénées et de la Haute-Garonne, à 600 mètres d'altitude ; elles traversent tout le département du Gers ; mais elles ne recueillent de leurs sources ou de leurs affluents qu'une faible quantité d'eau et laissent perdre en partie, dans leurs lits argileux, celle qu'elles ont reçue. Plusieurs ne sont pas plus fortes à leur embouchure que dans leur cours supérieur ; elles ne servent] ni à l'irrigation ni à l'industrie. Il est inutile d'ajouter que les rivières qui n'atteignent pas le plateau de Lannemezan ne diffèrent des premières que parce qu'elles sont plus courtes ; elles ne sont elles aussi que de simples ruisseaux.

La première de ces rivières, le *Marguestaud* (26 kilomètres), n'arrose dans le département (6 kilomètres) que la commune d'Aucamville et l'extrémité sud de celle de Verdun ; elle vient de la Haute-Garonne. Près de son embouchure, elle reçoit le ruisseau *de Saint-Pierre* (17 kilomètres).

La *Nadesse*, née aussi dans la Haute-Garonne, entre dans Tarn-et-Garonne après 6 kilomètres de cours. Elle arrose les ruines de l'abbaye de Grandselve et atteint le fleuve au-dessous de Verdun. Sa longueur totale est de 25 kilomètres.

Le *Lambon* a 26 kilomètres dont les 3 premiers dans le Gers. Il se jette dans la Garonne près du Mas-Grenier.

La *Tessonne* (21 kilomètres) appartient en entier au département. Elle commence à Escazeaux et se termine à Bourret.

La *Gimone*, née dans les Hautes-Pyrénées, par 475 mètres d'altitude, a traversé tout le département du Gers quand elle arrive dans le canton de Beaumont-de-Lomagne, par 110 mètres. Elle passe au pied de Beaumont, à Larrazet, et se termine par 70 mètres d'altitude en aval de l'ancienne abbaye de Belleperche. Sur les 132 kilomètres de son cours, elle donne entièrement au département 37 kilomètres.

A peine formée dans le Gers, la *Sère* entre dans Tarn-et-Garonne par le canton de Lavit ; elle a son embouchure près de Saint-Nicolas-la-Grave, en face même du confluent de la Garonne et du Tarn. Sa longueur est de 58 kilomètres.

L'*Ayroux*, qui finit au-dessus d'Auvillar, après un cours de 25 kilomètres, reçoit à sa gauche le *Cameson* (22 kilomètres), né dans le Gers.

L'*Arrats*, formé au nord du plateau de Lannemezan, au pied de la colline de Thermes, traverse le département du Gers et n'entre dans Tarn-et-Garonne, par 62 mètres, qu'après lui avoir servi longtemps de limite. Sur sa longueur de 132 kilomètres, 52 seulement appartiennent au département de Tarn-et-Garonne, soit en entier, soit de moitié avec le département du Gers. L'Arrats finit à Saint-Loup, en amont de Valence, par 55 mètres d'altitude.

L'*Aurone* n'appartient au département que comme limite entre Tarn-et-Garonne et Lot-et-Garonne.

Outre ses cours d'eau naturels, le département possède une voie navigable artificielle, le canal Latéral, dont il sera question plus loin.(*V.* ci-dessous, XII : *Commerce, chemins de fer, routes.*)

IV. — Climat.

« Le département de Tarn-et-Garonne appartient à la région climatoriale dite climat girondin ou du Sud-Ouest. Le climat est beau, doux et tempéré, mais assez variable ; la température moyenne de l'hiver est de 2 à 3 degrés au-dessus de glace ; celle du printemps et de l'automne de 12 à 14, et celle de l'été de 22 à 24. Les rivières ne gèlent que fort rarement, une fois tout au plus en dix ans, et seulement dans

les endroits où la pente de l'eau est peu rapide. Les vents do-
minants sont ceux de l'est et de l'ouest : celui-ci, appelé *Cers*,
décline quelquefois vers le sud, et alors il est accompagné de
pluies ; s'il tourne vers le nord, il devient sec et froid : c'est
celui qui règne le plus ordinairement. Le vent d'est, appelé
Autan, souffle avec assez de permanence ; quand il se tourne
vers le nord, il devient froid ; lorsqu'il tourne vers le sud, il
n'est pas de longue durée, et amène les orages. » (*Annuaire
de Tarn-et-Garonne.*)

La hauteur moyenne annuelle des pluies est de 70 centi-
mètres dans les plaines de la Garonne et du Tarn. Elle est un
peu plus considérable dans les lieux élevés. Les pluies ne sont
pas fréquentes, mais elles sont abondantes, surtout au printemps.

V. — Curiosités naturelles.

Le département de Tarn-et-Garonne ne peut offrir à ceux
qui le visitent les grands paysages que présentent les chaînes
de hautes montagnes et la mer ; mais il doit à la nature de
ses rochers et aux accidents de son relief quelques sites grandioses, tels que les rochers d'Anglars, en face de Saint-Antonin, les gorges de l'Aveyron à Laguépie, et entre Bruniquel
et Montricoux. Plusieurs grottes naturelles existent aussi le
long de l'Aveyron ; la plus curieuse est, à l'ouest de Saint-
Antonin, celle du Capucin dont la voûte est ornée de belles
stalactites.

VI. — Histoire.

Malgré le silence presque complet que gardent à son égard
les documents écrits jusqu'au commencement du moyen âge,
le territoire de Tarn-et-Garonne a été habité sur tous ses
points dès l'époque la plus reculée. Lorsque les Gaulois arri-
vèrent du Danube et du Rhin, vers le septième siècle avant
Jésus-Christ, ils trouvèrent déjà dans le pays des peuples aux

mœurs presque sauvages, auxquels on attribue généralement
ces tables et ces obélisques de pierre brute appelés à tort jusqu'à présent monuments celtiques ou druidiques, et connus
aujourd'hui sous le nom de monuments mégalithiques. Il reste
un assez grand nombre de ces antiquités, notamment des dolmens, ou pierres sépulcrales, dans le département, où l'on
en signale surtout dans les communes de Bruniquel, de
Cazals, de Loze, de Saint-Projet et de Septfonds. Ces tribus
primitives ont aussi laissé des traces de leurs habitations, sor-
tes de grottes le plus souvent artificielles, creusées sur le flanc
des collines et qui n'ont guère cessé d'être occupées jusqu'à
la fin du moyen âge. Aux moments de troubles, les popu-
lations se réfugiaient dans les souterrains qui débouchaient
sur ces grottes et qui étaient pourvus de provisions, de manière à permettre un séjour prolongé. Ces souterrains se ren-
contrent partout, et plusieurs servirent encore d'asile pendant les terribles luttes religieuses du seizième siècle.

D'après plusieurs savants, ce peuple grossier ne serait
autre que celui des Ibères, jadis très puissant, qui, au
temps de l'arrivée des Gaulois, occupait le midi de la Gaule
et l'Espagne tout entière. Les Gaulois ne parvinrent pas
à les chasser complétement au delà des Pyrénées; sur
la rive gauche de la Garonne, les vaincus se mêlèrent aux
vainqueurs, et cette fusion a donné naissance à une race
distincte que, de ces deux éléments, on appelle aujourd'hui
les Celtibères ou les Celtibériens, mais que les géographes de
l'antiquité nommaient les Aquitains. A cette race apparte-
naient les *Lactorates*, répandus sur le territoire appelé depuis
la Lomagne. Le reste du département était partagé entre des
nations purement celtiques : les *Nitiobroges* à l'ouest, les *Cadurques* au nord, les *Ruthènes* à l'est, les *Volces Tectosages* au
sud-est. De tous ces peuples, aucun n'avait sa capitale dans
les limites actuelles de Tarn-et-Garonne. La capitale des Lactorates, Lectoure, est dans le département du Gers; celle des
Nitiobroges, Agen, dans Lot-et-Garonne ; celle des Cadurques,
Cahors, dans le département du Lot ; celle des Ruthènes, Ro-

dez, dans le département de l'Aveyron ; enfin celle des Tectosages, Toulouse, dans la Haute-Garonne. Une tribu seulement,
vassale des Cadurques, les *Tascons*, avait sa capitale aux environs de Montauban, sur l'emplacement même de Montauban
selon quelques écrivains, ou, selon d'autres, plus au nord, sur
une colline de la rive droite de.l'Aveyron, à *Cosa*, dont le
nom de Cos, donné à une enceinte de retranchements gaulois,
rappelle encore le souvenir. Des retranchements analogues,
visibles à Corbarieu, à Bourret, à Castelmeyran, etc., mar-
quent l'emplacement de quelques autres localités gauloises,
qui n'étaient probablement que des bourgs fortifiés.

Parmi les peuples compris dans le territoire de Tarn-et-
Garonne, un fut des premiers soumis à la domination romaine
et un autre fut le dernier. Les Tectosages succombèrent
dès l'an 118 avant Jésus-Christ ; les Cadurques résistèrent
même après la chute du grand Vercingétorix, sous la conduite
du brave Luctérius, et il fallut pour les réduire la chute de
leur forteresse d'*Uxellodunum*, en l'an 51.

César se vengea cruellement des Cadurques ; mais Auguste
s'appliqua à faire aimer la domination romaine en favorisant
l'agriculture, en veillant à la sécurité des campagnes et en
traçant de nombreuses routes dont les principales passaient
par Cos, Montauriol, sur l'emplacement de Montauban, par
Castelsarrasin, qui possédait un relai de poste (*mutatio*), par
Mansonville, où était une station pour passer la nuit (*mansio*),
et par Bressols, dont le nom latin, *Fines*, indique la posi-
tion sur la limite entre les Tectosages et les Cadurques.

Les invasions des Barbares couvrirent de ruines ce pays
florissant, auquel la domination des rois visigoths donna
quelque repos pendant près d'un siècle. Mais Clovis survint
avec ses Francs, en 507, et, après sa mort, en 511, les con-
trées du Midi furent partagées de la manière la plus bizarre
entre ses fils puis entre ses petits-fils : c'était déjà un pré-
lude à l'incohérence et à la confusion que devait engendrer
un peu plus tard l'organisation féodale.

Sous Dagobert, les premières lueurs d'une civilisation nou-

Portail de Saint-Pierre de Moissac.

velle se levèrent à Moissac, vers 650. Là fut fondée sous les auspices du roi des Francs, par saint Amand et ses disciples Ansbert et Léotade, une abbaye que rendirent bientôt une des plus célèbres de l'Aquitaine les vertus de ses moines, la science de ses professeurs et l'étendue de ses possessions territoriales. A peine créée, cette abbaye passa, avec tout le territoire de Tarn-et-Garonne, sous la domination des ducs mérovingiens de Toulouse, qui ne surent défendre leurs possessions ni contre les Sarrasins ni plus tard contre les deux premiers rois francs de la dynastie carlovingienne. Pépin le Bref poursuivit très vivement et parfois avec cruauté la conquête du Midi, qu'acheva Charlemagne. C'est à Pépin qu'est due la fondation du monastère de Saint-Antonin, dont l'emplacement fut celui d'une ancienne bourgade romaine où, selon la tradition, saint Antonin de Pamiers avait prêché le christianisme, et qui s'appelait la Vallée-Noble. Lorsque Charlemagne eut remplacé le duché de Toulouse par le royaume d'Aquitaine en faveur de son fils aîné Louis le Pieux, en 781, le nouveau souverain et son successeur Pépin Ier se distinguèrent à leur tour par leur sollicitude à l'égard des abbayes. Louis enrichit celle de Moissac, Pépin fonda, en 825, sur le coteau de Montauriol, celle de Saint-Martin, qui prit bientôt après le nom de Saint-Théodard.

Louis le Bègue, le dernier roi d'Aquitaine, la réunit à la couronne de France lorsqu'il monta sur le trône impérial, en 877. Mais cette réunion ne fut que nominale. Déjà grandissaient les familles féodales qui devaient bientôt se partager le territoire et le séparer pour plus de trois siècles encore des provinces du Nord. Le dixième siècle vit dans l'apogée de leur puissance les ducs d'Aquitaine, comtes de Poitiers, qui possédaient l'Agenais, les ducs de Gascogne, suzerains immédiats de la Lomagne, et les comtes de Toulouse, souverains du Quercy et de tout l'antique pays des Tectosages. La maison des comtes de Gascogne s'éteignit, au onzième siècle, dans celle des comtes de Poitiers.

Au-dessous de ces grands fiefs s'étaient constitués la vicomté

Saint-Antonin.

de Lomagne, dont Lectoure et Lavit furent successivement
les capitales, la vicomté de Saint-Antonin, celle d'Auvillar,
réunie vers la fin du xiiie siècle à la Lomagne, celle de Bruniquel, le comté de Caylus, et beaucoup d'autres seigneuries,
sans compter les possessions temporelles des trois grandes
abbayes alors existantes : Moissac, Saint-Théodard et le Mas-
Grenier. Le monastère de Saint-Antonin, célèbre à son origine,
devint plus tard un simple prieuré, qui n'existait plus à la
Révolution, en 1790.

En 1062 fut pompeusement célébrée, au milieu d'un immense concours d'évèques et de fidèles, la consécration de la
grande basilique de Moissac.

La maison des comtes d'Anjou, durant la seconde moitié
du xiie siècle, prit d'une main par héritage la couronne d'Angleterre et de l'autre par un mariage les provinces qui avaient
formé le duché d'Aquitaine. Les comtes de Toulouse eurent
ainsi pour voisins les rois anglais, et ils ne tardèrent pas à res-
sentir les effets de leur ambition. Le roi Henri II s'empara de
la ville naissante de Montauban et parvint jusqu'à Toulouse,
que sauva le roi de France Louis VII. Richard Cœur-de-Lion
obtint toutefois la plus grande partie du Quercy, que lui laissa
prendre Philippe Auguste, par une convention signée en 1191.

Mais une guerre autrement implacable et funeste vint aussitôt après fondre sur tout le bassin de la Garonne et anéantir
pour jamais la domination des comtes de Toulouse, qui avait
paru un instant devoir contre-balancer la puissance des rois
capétiens. En réalité, les comtes de Toulouse ne jouissaient
que d'une autorité affaiblie par le manque d'institutions gou-
vernementales et par les usurpations de leurs principaux vassaux, les comtes de Comminges, de Foix, les vicomtes de Bé-
ziers et de Carcassonne. Heureusement pour le suzerain, ces
vassaux ne lui furent point félons au moment du péril et tous
lui demeurèrent fidèles jusqu'à l'héroïsme.

A la faveur de l'ignorance religieuse, trop bien secondée
par l'indolence du clergé séculier, lui-même peu instruit, et
par la rareté de monastères, qui étaient à cette époque le vrai

foyer de la science et de la civilisation, une hérésie bizarre, renouvelée de celle des manichéens [1], s'était, dès le
x⁰ siècle, répandue dans tout le Midi et particulièrement aux
environs d'Albi, d'où le nom d'Albigeois, donné à ceux qui
l'avaient adoptée et qui la propageaient. A la fin du douzième siècle, les Albigeois possédaient une organisation com-
plète, sous la direction de leurs évêques ; déjà ils avaient
cherché, en plusieurs endroits, à se soustraire aux lois et
même à s'affranchir de tout lien social. L'Église condamna
canoniquement les nouvelles erreurs aux conciles de Toulouse
(1148) et de Lombers près d'Albi (1165), et organisa des pré-
dications pour les combattre. Ce fut tout particulièrement
dans ce but que l'Espagnol saint Domingo ou Dominique ins-
titua, à Toulouse même, l'ordre célèbre des Frères Prêcheurs,
plus tard appelés Dominicains ou Jacobins. Le succès ne ré-
pondit point aux efforts, et les seigneurs féodaux furent in-
vités à employer les menaces. Ils refusèrent. Le légat ponti-
fical, Pierre de Castelnau, fut un jour trouvé assassiné près
du Rhône; on imputa ce meurtre à Raymond VI, et la guerre
sainte fut proclamée. « Dans toute la France et même hors
de France, dit Guizot, les passions religieuses et ambitieuses
se soulevèrent à cet appel : douze abbés et vingt moines de
Cîteaux se dispersèrent de tous côtés prêchant la croisade;
seigneurs et chevaliers, bourgeois et paysans, laïques et clercs,
accoururent. La passion des croisés fut ardente et persévérante :
la guerre contre les Albigeois dura quinze ans (1208-1223),
et, des deux chefs dont l'un l'ordonna et l'autre l'exécuta, le
pape Innocent III et le comte Simon de Montfort, ni l'un ni
l'autre n'en vit la fin. Durant ces quinze années, dans la région située entre le Rhône, les Pyrénées, la Garonne et même
la Dordogne, presque toutes les villes, tous les châteaux forts

1. On sait que les manichéens, dont saint Augustin avait embrassé la
doctrine avant son baptême, admettaient deux principes égaux en toute-
puissance, le principe du bien et le principe du mal. Mais l'auteur de ce
système théologique semble l'avoir lui-même emprunté aux croyances des
anciens Perses. On ignore comment le manichéisme s'introduisit en France.

furent pris, perdus, repris avec la cruauté du fanatisme et l'avidité de la conquête. Bientôt ce ne fut plus seulement contre les Albigeois et leurs hérésies, ce fut contre les princes nationaux de la France méridionale et leurs domaines que se poursuivit la croisade. » Simon de Montfort, dont la piété ardente et l'indomptable courage furent ternis par une ambition que ne retenait aucun scrupule, employa jusqu'auprès du roi de France et du pape les plus odieuses perfidies pour excuser les mesures extrêmes qu'il prit contre son principal adversaire, Raymond VI, toujours faible et indécis. Le jeune Raymond VII eut plus d'énergie que son père ; par ses soins, la résistance est organisée. Les croisés sont battus entre Moissac et Castelsarrasin, Moissac se soulève, Montauban continue de résister. Mais la victoire de Muret (1213) relève les affaires de Montfort, tout se soumet devant lui, et sa mort même devant Toulouse, en 1218, ne fait que transmettre à son fils une conquête assurée, qui, après quelques vicissitudes, passe entre les mains des rois de France. Le traité de 1229 ne laisse à Raymond VII qu'une possession viagère : par ce contrat, sa fille unique est donnée à Alphonse, comte de Poitiers et frère de saint Louis, dont le règne (1249-1271) prépare l'annexion définitive à la couronne de France.

Raymond VII, devenu comte viager, et son héritier Alphonse, s'attachèrent sincèrement à réparer les maux causés par la guerre et à compléter les résultats de la croisade en achevant d'extirper l'hérésie. Dans ce dernier but fut créée l'Université de Toulouse ; à la diffusion de la philosophie et de la science, à la réforme des mœurs, on crut malheureusement devoir ajouter des mesures de répression impitoyables. En 1229 fut institué le tribunal de l'Inquisition. Un prêtre dans chaque paroisse, assisté de deux ou trois laïques, devait rechercher rigoureusement les hérétiques. En 1233, le pape Grégoire IX transporta les fonctions d'inquisiteurs aux Frères Prêcheurs. Confiée à des hommes plus fervents qu'éclairés, l'Inquisition inonda de sang les villes de la contrée, excita des ressentiments implacables et fut cause de terribles soulèvements en 1234 et 1235.

Le tribunal inquisitorial vint plusieurs fois siéger à Montauban, où se passèrent des scènes effroyables.

Les derniers comtes de Toulouse et les rois de France se montrèrent plus généreux et plus éclairés dans l'organisation administrative du Midi. Déjà, en 1140, les vicomtes de Saint-Antonin avaient donné à leur ville une constitution municipale, et un comte de Toulouse, Alphonse-Jourdain, imitant cet exemple, avait doté, en 1144, d'une charte semblable sa bonne ville de Montauban, nouvellement fondée sur le territoire de l'abbaye de Saint-Théodard. D'autres villes anciennes furent dotées de franchises tellement étendues, que plusieurs se crurent de vraies républiques et en prirent souvent le titre. Elles étaient, comme la république romaine, gouvernées par des consuls, au nombre de quatre, de six ou de huit, suivant l'importance des localités. Le commerce et l'industrie furent encouragés par les dispositions les plus libérales. Mais ces villes étaient peu nombreuses à l'issue de la guerre des Albigeois : quelques-unes avaient été détruites par les envahisseurs; d'autres avaient été progressivement abandonnées depuis l'époque romaine; d'autres n'étaient encore, à vrai dire, que des places fortes. Les seigneurs, soit laïques, soit ecclésiastiques, jugeant que l'augmentation du nombre des communes ne pouvait qu'aider considérablement à la prospérité du pays tout entier, se mirent à bâtir, chacun dans ses domaines, avec l'agrément et souvent avec la participation des rois de France, des villes nouvelles qu'on appela *bastides*, et dont la plupart se reconnaissent encore à leurs rues régulières se croisant à angle droit et formant au centre une place rectangulaire entourée d'arcades. La fondation de Montauban demeura pendant près d'un siècle un fait isolé; mais à partir de 1232 jusqu'en 1310 se construisent Angeville, Beaumont-de-Lomagne (1279), Castelsagrat (1270), Cordes-Tolosane (1271), Dunes (1269), Génébrières, Lafrançaise ou mieux la Française, Labastide-de-Penne, Labastide-du-Temple, Montjoy (1268), Mondenard (commune de Cazes-Mondenard), Montalzat (1252), Réalville, jadis Gardemont (1310), Septfonds, Valence-d'Agen, Verfeil et

Verlhac-Tescou. Parmi ces bastides, il y en eut un certain nombre qui ne prospérèrent point et demeurèrent toujours de petits villages; mais ces fondations eurent pour résultat d'étendre partout le mouvement communal.

L'établissement des franchises municipales eut quelquefois, à l'origine, de fâcheux résultats. Dans plusieurs villes, les familles les plus puissantes parvinrent à se rendre maîtresses des élections et à mettre à la tête des affaires des consuls plus dévoués à leurs protecteurs qu'à la chose publique. De là des luttes intestines que n'a point racontées l'histoire, mais dont des témoignages certains nous sont parvenus. On voit, en effet, vers 1245, les habitants de Moissac et de Castelsarrasin prier Raymond VII de reprendre pour lui-même la nomination de leurs magistrats communaux, afin d'avoir de meilleures garanties pour la bonne administration de la justice. Ces deux villes rentrèrent, sous Alphonse, dans la possession de tous leurs privilèges, et il paraît que les abus ne se reproduisirent pas dans la suite.

La paix et la prospérité que semblaient promettre la bonne administration des derniers comtes de Toulouse et des rois de France ne durèrent pas longtemps. Au commencement du quatorzième siècle éclata la guerre de Cent Ans. Les Anglais avaient déjà un pied dans le territoire de Tarn-et-Garonne, puisque saint Louis leur avait reconnu, en 1257, par le traité d'Abbeville, une partie de l'Agenais et du Quercy. La résistance des habitants fut héroïque. Les Anglais ne purent jamais entrer à Moissac; mais le trop fameux traité de Brétigny leur livra, en 1560, le Haut-Quercy, et ils entrèrent à Montauban l'année suivante. On ne les y laissa pas tranquilles, et l'habile tactique de Charles V les en chassa en 1366. Ce succès fut amèrement compensé, en 1367, par la défaite sanglante que firent essuyer aux nobles du pays, que commandait le sénéchal de Toulouse, les Grandes Compagnies ou les Routiers, bandes de soldats mercenaires qui occupaient leurs loisirs pendant les trêves ou en temps de paix à ravager les campagnes. Pendant vingt ans, le Quercy et le Toulousain furent parcourus par ces affreux pil-

Montauban.

lards, qui furent enfin attaqués par le vertueux et brave connétable Louis de Sancerre et complétement défaits, en 1390, sur le territoire où fut aussitôt bâtie la chapelle commémorative de Notre-Dame d'Alem, dans la commune de Castelsarrasin. Les Anglais revinrent encore à Montauban en 1414, mais ne s'y maintinrent même pas jusqu'aux premiers succès des armées de Charles VII. Après la bataille de Castillon (1453), on n'eut plus à craindre de les voir en Aquitaine.

Aux guerres étrangères succédèrent les guerres civiles et religieuses, aussi implacables au seizième siècle qu'elles l'avaient été au temps des Albigeois. L'abbaye Saint-Théodard de Montauriol, comprise depuis le douzième siècle dans l'enceinte de Montauban, avait été érigée en évêché en 1317 par le pape Jean XXII, enfant du Quercy. Ce fut un des évêques de Montauban, Jean de Lette, prélat débauché, qui porta dans la contrée le premier coup au catholicisme. Il quitta son siège pour se marier, en 1556, laissant toute l'influence aux ministres protestants qui accoururent. Quatre ans après, les calvinistes étaient en majorité, chassaient les prêtres et les religieux, forçaient à l'abjuration les habitants qui ne voulaient pas émigrer et incendiaient les églises, notamment la basilique de Saint-Théodard, bâtie au douzième siècle par les moines, et qui avait été longtemps une des plus belles du Midi.

Devenu cité calviniste, Montauban sut du moins se donner des lois à l'intérieur et se faire respecter à l'extérieur. De 1562 à 1622, son histoire n'est qu'une série de sièges et de combats. Dans le cours de la seule année 1562, il fut assailli quatre fois et força quatre fois les assaillants à lever le siège. Il eut ainsi le bonheur d'échapper à Montluc, qui exerça dans les environs les plus odieuses cruautés. La paix d'Amboise mit pour un temps fin à cette lutte; mais, en 1567, les catholiques furent chassés de nouveau, et, en 1570, Montauban devint l'une des quatre places de sûreté accordées aux calvinistes par le traité de Saint-Germain. Ce fut à l'abri de ses murailles que se réunirent, en 1578, 1579 et 1584, les députés de toutes les églises réformées de France. L'administration municipale était élue par les citoyens ; la ville était devenue une petite république, semblable à beaucoup d'égards à celle de Genève, et, pendant une cinquantaine d'années, Montauban, se gouvernant lui-même, jouit de la plus grande prospérité.

L'édit de 1617, qui rétablissait dans le Béarn le culte catholique aboli soixante ans auparavant par Jeanne d'Albret, mit en feu tout le Midi, et bientôt, l'exercice libre de la religion devenant de plus en plus difficile, la résistance armée fut résolue. Le duc de Rohan, élu généralissime des calvinistes, vint à Montauban le 18 juin 1621 pour y organiser la défense. Sous la direction du premier consul Dupuy, des fortifications furent élevées en quinze jours, grâce au concours de tous. L'armée royale, forte de 20,000 hommes et commandée par Louis XIII en personne, conduit par le connétable de Luynes, parut devant Montauban le 17 août. Toutes les approches de la ville furent disputées pied à pied. Le 5 septembre, à minuit, le duc de Mayenne tenta un assaut qui fut repoussé avec un effroyable carnage. Du côté des assiégés, des femmes en grand nombre prirent part au combat, ainsi qu'à toutes les affaires qui eurent lieu plus tard : elles s'étaient donné pour mission spéciale d'arracher et de brûler les gabions des tranchées faites par l'armée royale. Deux héroïnes, Jeanne Paulhac et Guillemette de Gasc, se rendirent particulièrement célèbres ; toutes deux périrent au champ d'honneur et le trésor public, comme dans les républiques de l'antiquité, fit les frais de leurs funérailles. Le 16 septembre, le duc de Mayenne reçut une balle dans l'œil et tomba raide mort. Enfin le connétable fit livrer un assaut général le 17 octobre ; il fut désastreux pour l'armée, et Louis XIII se décida quelques jours après à la retraite. Le siège avait duré 86 jours.

En se retirant, le roi s'empara de Négrepelisse, qu'il brûla, et de Saint-Antonin, dont il fit abattre les fortifications.

Lorsque Richelieu fut devenu premier ministre et que la Rochelle eut succombé, les calvinistes comprirent qu'ils ne pouvaient prolonger la lutte. Montauban demanda la paix, et Richelieu y fit son entrée en 1629, après avoir fait démolir les fortifications. Cette ville fut, la même année, ravagée par la peste, et plus de 6,000 personnes succombèrent. Le clergé catholique rentra. Plus tard, les dragonnades et les proscriptions de la fin du règne de Louis XIV eurent des conséquences désastreuses. Toutefois Montauban conserva la plus grande partie de son importance par le rétablissement de son évêché et la création d'une généralité ou province civile dont il fut, jusqu'à la Révolution, le chef-lieu.

La Révolution causa quelques désordres dans Montauban, dont elle supprima le diocèse et dont elle fit un simple chef-lieu d'arrondissement du Lot. A son passage dans cette ville en 1808, Napoléon déclara qu'une injustice avait été commise, et il la répara par la création du département de Tarn-et-Garonne. Par suite de difficultés avec le pape, l'évêché ne fut rétabli qu'en 1822 ; il eut alors pour premier titulaire Mgr de Cheverus, dont les douces et bienfaisantes vertus rappelèrent Fénelon.

VII. — Personnages célèbres.

Douzième siècle. — Le chevalier RAYMOND-JOURDAIN, de la famille des vicomtes de Saint-Antonin, troubadour.

Dix-septième siècle. — PIERRE DE FERMAT (1601-1665), helléniste et surtout géomètre incomparable, inventeur, en même temps que Descartes, de la géométrie analytique, né à Beaumont-de-Lomagne, où l'on montre sa maison.

Dix-huitième siècle. — LE FRANC DE POMPIGNAN (1709-1784), poëte lyrique, connu surtout pour ses *Odes.* — Son frère, JEAN-GEORGES LE FRANC DE POMPIGNAN (1715-1790), archevêque de Vienne, député aux États-Généraux de 1789. — HIPPOLYTE GUIBERT (1743-1790), tacticien, né à Montauban. — OLYMPE DE GOUGES (1755-1793), femme célèbre par sa beauté et ses intrigues, et qui, après avoir été l'âme de certains clubs révolutionnaires, fut décapitée pour avoir voulu prendre la défense de Louis XVI. — Le général MALARTIC (1730-

1800), né à Montauban. — Le conventionnel Jean Bon-Saint-André (1749-1813), né à Montauban.

Dix-neuvième siècle. — Le baron Portal d'Albarèdes (1765-1845), né près de Montauban, ministre de la marine de 1818 à 1821, puis ministre d'État. — Ingres (1780-1867), un des plus grands peintres de notre époque, chef d'école, né dans le faubourg de Sapiac, à Montauban, mort à Paris. Il fut élève de David, mais surtout se forma lui-même. Malgré les nombreux détracteurs qu'il eut à l'origine, ce fut bientôt le maître qui eut le plus de disciples, dont le plus célèbre est Hippolyte Flandrin. Sa ville natale lui a élevé un magnifique monument, où est figurée en sculpture l'œuvre la plus estimée de l'artiste, l'*Apothéose d'Homère*.

VIII. — Population, langue, culte, instruction.

La *population* de Tarn-et-Garonne s'élève, d'après le recensement de 1876, à 221,564 habitants, dont 109,872 du sexe masculin et 111,492 du sexe féminin, 60,197 vivant dans les villes et 161,167 vivant à la campagne. Au point de vue du chiffre de la population, le département est le 81ᵉ de France. Le chiffre des habitants divisé par celui des hectares donne 59 à 60 habitants par cent hectares ou par kilomètre carré : c'est ce qu'on appelle la *population spécifique*. Sous ce rapport, c'est le 46ᵉ département; il vient immédiatement avant son voisin, Lot-et-Garonne, qui est le 47ᵉ. La France entière ayant 69 à 70 habitants par kilomètre carré, il en résulte que Tarn-et-Garonne renferme, à surface égale, dix habitants de moins que l'ensemble de notre pays.

En 1821, date du premier recensement effectué depuis sa formation, Tarn-et-Garonne renfermait 238,143 habitants, soit 16,879 de plus qu'en 1876. Depuis 1866, la diminution a été de 7,605 habitants, mais elle est seulement de 246 depuis 1872, ce qui marque un ralentissement notable dans la dépopulation, due en partie à l'excédant des décès sur les naissances plutôt qu'à l'émigration. En 1875, il y a eu 5,366 décès contre 4,390 naissances; en 1876, 4,795 décès contre 4,422 naissances; en 1877, 4,727 décès contre 4,350 naissances. Dans la même année 1877, le nombre des mariages a été de 1,520.

La *langue* la plus usitée parmi les gens du peuple, même à Montauban, est un dialecte, assez varié lui-même, se rapprochant, suivant les localités, soit du toulousain, soit du patois gascon, soit de celui du Quercy. Il est peu de villageois qui ne comprennent pas le français et ne sachent le parler avec assez de facilité, si ce n'est dans quelques communes voisines du Lot et de l'Aveyron.

Le *culte* le plus répandu est le culte catholique, auquel est attachée la grande majorité des habitants. Néanmoins on compte encore 10,000 calvinistes environ, qui possèdent à Montauban leur Faculté de théologie, la plus importante de France, et, dans le département, deux consistoires, l'un à Montauban, l'autre à Négrepelisse.

Le *lycée* de Montauban a compté, en 1878-1879, 337 élèves, les *collèges communaux* de Castelsarrasin et de Moissac réunis, 270, tant internes qu'externes; deux *institutions secondaires libres* laïques, 140. Des *petits séminaires*, établis à Montauban et à Moissac, renferment ensemble 250 élèves environ. — L'*école normale d'instituteurs* est établie à Montauban, de même que le *cours normal d'institutrices*.

Les *écoles primaires*, tant libres que publiques, au nombre de 495, ont été fréquentées, en 1878-1879, par 26,814 enfants ou adolescents, et les *salles d'asile*, au nombre de 22, par 1,931 enfants. 194 *cours d'adultes* ont été fréquentés en 1878 par 5,528 élèves.

Les opérations de recrutement de l'année 1877 ont donné, quant au degré d'instruction des jeunes conscrits, les résultats suivants:

Jeunes gens ne sachant ni lire ni écrire.	416
— sachant lire seulement.	30
— sachant bien lire et bien écrire. . . .	1,341
— ayant reçu une instruction supérieure .	10

IX. — Divisions administratives.

Le département de Tarn-et-Garonne forme le diocèse de Montauban (suffragant de Toulouse). — Il fait partie des 1ʳᵉ et 4ᵉ subdivisions du 17ᵉ corps d'armée (Toulouse). — Il ressortit à la 28ᵉ légion de gendarmerie (Agen) ; — à la Cour d'appel de Toulouse ; — à l'Académie de Toulouse ; — à la 10ᵉ inspection des ponts et chaussées ; — à la 18ᵉ conservation des forêts ,Toulouse) ; — à l'arrondissement minéralogique de Rodez (division du Sud-Ouest). — Il comprend : 3 arrondissements, 24 cantons, 194 communes.

Chef-lieu du département : MONTAUBAN.

Chefs-lieux d'arrondissement : CASTELSARRASIN, MOISSAC, MONTAUBAN.

Arrondissement de Castelsarrasin (7 cant.; 81 com.; 66,249 h.: 114,080 hect.).

Canton de Beaumont (18 com.; 11,804 h.; 22.586 hect.). — Auterive — Beaumont — Belbèze — Cause (Le) — Cumont — Escazeaux — Esparsac — Faudoas — Gariès — Gimat — Glatens — Goat — Lamothe-Cumont — Larrazet — Marignac — Maubec — Sérignac — Vigueron.

Canton de Castelsarrasin (6 com.; 10,274 h.; 10,900 hect.). — Albefeuille-et-Lagarde — Barry-d'Islemade — Barthes (Les) — Castelsarrasin — Labastide-du-Temple — Meauzac.

Canton de Grisolles (14 com.; 7.770 h.; 11.958 hect.). — Bessens — Campsas — Canals — Dieupentale — Fabas — Grisolles — Labastide-Saint-Pierre — Monbéqui — Nohic — Orgueil — Pompignan.

Canton de Lavit (14 com.; 6.821 h.; 16.159 hect.). — Asques — Balignac — Bardigues — Castéra-Bouzet — Gramont — Lachapelle — Lavit — Mansonville — Marsac — Maumusson — Montgaillard — Poupas — Puygaillard — Saint-Jean-du-Bouzet.

Canton de Montech (9 com.; 10,582 h.: 16.645 hect.). — Bressols — Escatalens — Finhan — Lacourt-Saint-Pierre — Lavilledieu — Montbartier — Montbeton — Montech — Saint-Porquier.

Canton de Saint-Nicolas (15 com.: 9.505 h.; 16.089 hect.). — Angeville — Castelferrus — Castelmayran — Caumont — Cordes-Tolosanes — Coutures — Fajolles — Garganvillar — Gensac — Labourgade — Latitte — Montain — Saint-Aignan — Saint-Arroumex — Saint-Nicolas.

Canton de Verdun (8 com.; 9,893 h.: 19,965 hect.). — Aucamville — Beaupuy — Bouillac — Bourret — Comberouger — Mas-Grenier — Saint-Sardos — Verdun.

Arrondissement de Moissac (6 cant. ; 50 com. ; 52,594 h.; 87,634 hect.).

Canton d'Auvillar (9 com. ; 6,487 h. ; 10,833 hect.). — Auvillar — Donzac — Dunes — Merles — Pin (Le) — Saint-Cirice — Saint-Loup — Saint-Michel — Sistels.

Canton de Bourg-de-Visa (7 com. ; 5,153 h. ; 11,353 hect.). — Bourg-de-Visa — Brassac — Fauroux — Miramont — Montagudet — Saint-Nazaire — Touffailles.

Canton de Lauzerte (10 com. ; 10,368 h. ; 22,034 hect.). — Belvèze — Bouloc — Cazes-Mondenard — Durfort — Lauzerte — Montbarla — Saint-Amans-de-Pellagal — Sainte-Juliette — Sauveterre — Tréjouls.

Canton de Moissac (7 com. ; 14,133 h. ; 17,553 hect.). — Boudou — Lizac — Malause — Moissac — Montesquieu — Saint-Paul-d'Espis — Saint-Vincent-Lespinasse.

Canton de Montaigu (6 com. ; 5,987 h. ; 13,830 hect.). — Lacour — Montaigu — Roquecor — Saint-Amans — Saint-Beauzeil — Valeilles.

Canton de Valence (11 com. ; 10,486 h. ; 12,051 hect.). — Castelsagrat — Espalais — Gasques — Golfech — Goudourville — Magistère (La) — Montjoy — Perville — Pommevic — Saint-Clair — Valence.

Arrondissement de Montauban (11 cant.; 63 com. ; 102,521 h. ; 154,526 hect.).

Canton de Caussade (11 com. ; 12,284 h.; 19,882 hect.). — Caussade — Cayrac — Cayriech — Lavaurette — Mirabel — Monteils — Réalville — Saint-Cirq — Saint-Georges — Saint-Vincent — Septfonds.

Canton de Caylus (7 com. ; 9,484 h. ; 19,103 hect.). — Caylus — Espinas — Lacapelle-Livron — Loze — Mouillac — Puylagarde — Saint-Projet.

Canton de la Française (4 com. ; 5,800 h. ; 9,127 hect.). — Honor-de-Cos (L') — Française (La) — Montastruc — Piquecos.

Canton de Molières (5 com. ; 6,351 h. ; 12,568 hect.). — Auty — Labarthe — Molières — Puycornet — Vazerac.

Canton de Monclar (5 com. ; 5,745 h. ; 12,202 hect.). — Belmontet — Bruniquel — Génébrières — Monclar — Puygaillard.

Canton de Montauban (Est) (3 com. ; 12,434 h. ; 14,877 hect.). — Lamothe-Capdeville — Montauban (Est) — Villemade.

Canton de Montauban (Ouest) (2 com. ; 16,306 h.; 1,226 hect.). — Léojac — Montauban (Ouest).

Canton de Montpezat (6 com. ; 6,844 h. ; 13,227 hect.). — Labastide-de-Penne — Lapenche — Montalzat — Montfermier — Montpezat — Puylaroque.

Canton de Négrepelisse (7 com. ; 9,341 h. ; 18,035 hect.). — Albias — Bioule — Cazals — Montricoux — Négrepelisse — Saint-Étienne-de-Tulmont — Vaissac.

Canton de Saint-Antonin (8 com. ; 13,439 h. ; 24,980 hect.). — Castanet — Feneyrols — Ginals — Laguépie — Parisot — Saint-Antonin — Varen — Verfeil.

Canton de Villebrumier (6 com. : 4,490 h. : 9,299 hect.).— Corbarieu
— Reyniès — Saint-Nauphary — Varennes — Verlhac-Tescou — Villebrumier.

X. — Agriculture.

Sur les 372,000 hectares du département, on compte, en chiffres
ronds :

Terres labourables	242,000 hectares.
Vignes.	47,000
Prairies naturelles et vergers.	20,000
Bois et forêts	47,000
Pacages et pâturages.	5,000
Terres incultes	7,500

On compte : 115,000 hectares consacrés à la culture du froment ;
— 1,500 à celle du méteil ; — 5,000 à celle du seigle ; — 400
seulement à la culture de l'orge ; — 22,000 au maïs et au millet ;
— 8,000 à l'avoine ; — 14,500 aux farineux, notamment aux pommes
de terre, fèves et haricots ; — 4,500 aux cultures maraîchères et
potagères ; — 28,000 en prairies artificielles ; — 2,500 en fourrages
annuels ; — 1,100 à la culture du chanvre ; — 1,250 à la culture
du lin ; — 1,000 à la culture du colza.— Les terrains en jachère oc-
cupent 36,000 hectares.

En 1877, il y avait dans Tarn-et-Garonne : 15,500 chevaux, 2,100
mulets, 2,150 ânes, 58,500 bœufs et taureaux, 54,800 vaches et
génisses, 40,100 veaux, 112,500 brebis et moutons de races du pays,
15,800 brebis et moutons de races perfectionnées, 1,600 boucs et
chèvres, 58,500 porcs. Le produit des laines a été, la même année, de
564,000 francs ; celui du suif, de 44,000 francs ; 8,800 ruches
d'abeilles ont donné 52,800 kilogrammes de miel et 17,600 kilogrammes de cire. L'élevage des vers à soie a été entrepris dans
quelque localités ; il ne produit encore annuellement que 25,500
kilogrammes de cocons.

Aucun genre de récolte ne mérite une mention spéciale, si ce
n'est la vigne, qui produit annuellement 425,000 hectolitres de vin,
mais pas assez pour son étendue, car le rendement n'est guère que
de 9 hectolitres par hectare. Il est vrai qu'une grande quantité de
raisins est conservée en nature pour être exportée, principalement à
Paris. La moitié du vin recueilli est consommée sur place ou consacrée
à la fabrication de l'eau-de-vie. Parmi les crus plus spécialement
réservés à l'exportation, on peut mentionner ceux des environs de

Grisolles et de Villebrumier, continuation des vignobles renommés de Fronton (Haute-Garonne); les vins d'Auvillar, de Campsas, de Montbartier et de la Villedieu. Les vins du cru de Fronton sont en grande partie transportés à Bordeaux, où ils servent pour des coupages. Une *vigne école* a été établie à Montauban, dont les pépinières sont en outre fort estimées.

Les blés des environs de Moissac fournissent d'excellente farine.

On trouve quelques truffes dans les causses voisins de l'Aveyron et du Tarn.

XI. — Industrie; mines; eaux minérales.

L'industrie n'est pas encore très-avancée dans Tarn-et-Garonne. Il est vrai que les matières premières n'y sont pas abondantes. Le combustible minéral manque absolument; il faut l'importer de l'Aveyron, du Gard et même d'Angleterre.

Le *phosphate de chaux* a été récemment découvert, ou du moins pour la première fois signalé, dans les cantons de Caylus, de Caussade et de Saint-Antonin; l'exploitation en a commencé en 1870, par les soins d'une société industrielle qui s'est aussitôt constituée sous le titre de Compagnie des phosphates du Midi. « La chaux phosphatée appartient ici, dit M. Würtz (*Dictionnaire de chimie pure et appliquée*, p. 934), à des variétés dépourvues de cristallisation, c'est-à-dire à celles qui sont désignées sous le nom de *phosphorites*, pour les distinguer de l'*apatite*, qui est cristallisée et qui est d'ailleurs caractérisée par une proportion atomique constante de chlore et de fluor; le plus ordinairement, elle est blanchâtre et pâle, quelquefois aussi colorée en gris, en jaune et en rouge. A part les masses compactes, comme la variété qu'on a désignée sous le nom d'*ostéolite*, cette chaux phosphatée offre fréquemment une masse concrétionnée très-caractéristique. Parfois ce sont des formes mamelonnées à couches concentriques, rappelant tout à fait les travertins que certaines sources incrustantes déposent dans leur bassin, ou encore l'albâtre calcaire dite onyx, qui s'est produite autrefois, par exemple dans la province d'Oran, non loin de Tlemcen. Sur d'autres points, la chaux phosphatée rappelle certaines agates, tant par la nuance que par la faible épaisseur des zones alternantes....; ailleurs c'est sous la forme de rognons qu'elle s'est déposée, par exemple, aux environs de Caylus.....; enfin, pour donner une idée de l'aspect que la phosphorite revêt très-fréquemment dans les gîtes, il convient d'ajouter que cette substance, par ses cavités irrégulières et cloisonnées et par sa

structure, ressemble beaucoup à la calamite de diverses localités. »
Le phosphate de Tarn-et-Garonne est employé comme engrais dans
le département et dans les départements limitrophes ; il est exporté
pour le même usage dans une grande partie de la France.

La *pierre lithographique* est exploitée à Saint-Antonin et dans son
hameau de Servanac. — Les *pierres schisteuses* des cantons de
Caussade, de Caylus et de Saint-Antonin servent à daller les toitures.
— Saint-Antonin, Septfonds, Caylus, Bruniquel, Castelmeyran fournissent de bonnes *pierres de taille* ; par son grain très-fin, la pierre
de Montricoux se rapproche du marbre. — L'argile à poteries et à
briques est exploitée aux environs de Grisolles, de Négrepelisse, de
Montech et de Beaumont-de-Lomagne. — Les principales carrières
de *gypse* ou pierre à plâtre sont celles de Mansonville, de Lavit et
de ses environs, et de Varen.

Parisot, Saint-Antonin et Feneyrols possèdent des *sources ferrugi-
neuses*, mais aucun établissement thermal n'y a encore été construit ;
seules, celles de Feneyrols sont utilisées en boisson par quelques
malades venus des localités voisines.

L'industrie métallurgique est représentée par les hauts fourneaux
et forges de Bruniquel, où se fabriquent des rails pour les chemins
de fer d'Orléans et des trains pour wagons ; les fonderies de fonte de
Montauban et de Moissac ; les fonderies et laminoirs à cuivre (usine
Sainte-Marguerite) de Castelsarrasin.

L'industrie manufacturière comprend un plus grand nombre d'éta-
blissements. Les localités où elle est le plus développée sont : Montauban
(filatures de soies grèges, de tissus de soie à bluter, de toiles à
tamis) ; Saint-Antonin (serges, cadis et burats, filatures de laine),
Beaumont-de-Lomagne et Septfonds (chapeaux de paille) ; Montricoux
et Valence (toiles) ; Puylaroque (tissus) ; Montech (papeterie) ; Auvillar (brosses), et Grisolles (balais).

Moissac, Castelsarrasin, Corbarieu et Labastide-Saint-Pierre possèdent des minoteries renommées.

XII. — Commerce, chemins de fer, routes.

Les principaux objets *exportés* de Tarn-et-Garonne sont : les raisins, les vins, les farines, les phosphates pour engrais, les pierres
lithographiques, des melons en petite quantité, des pâtés de foies
gras, des tamis, des chapeaux de paille et des balais. — L'*importation*
comprend surtout les produits agricoles de Lot-et-Garonne et de la
Gironde, les vins de Cahors, les fromages de Gruyère, d'Auvergne et

de Roquefort, les charbons minéraux, les bois de construction, le
fer, la tôle, le papier, les soieries de Lyon, etc.

Les villes les plus commerçantes sont : Montauban et Moissac, qui
possèdent des tribunaux de commerce, Saint-Antonin, Caussade,
Verdun et Beaumont-de-Lomagne.

Le département est parcouru seulement par trois voies ferrées,
d'un développement total de 141 kilomètres.

1° La principale ligne est celle de *Bordeaux à Cette*, qui unit l'Océan
à la Méditerranée et suit la vallée de la Garonne, ne s'en écartant
sensiblement que pour rejoindre Montauban. Elle dessert : la Magistère, Valence, Malauze, Moissac, Castelsarrasin, la Villedieu, la gare
de Montauban dite Villebourbon, Montbartier, Dieupentale et Grisolles.
Sur une longueur totale de 476 kilomètres, elle en a 80 dans le
département.

2° La seconde ligne, presque aussi importante, est celle *de Paris à
Montauban* par Limoges et Brive, qui dessert la station de Laguépie,
entre aussitôt dans le Tarn, revient dans Tarn-et-Garonne pour se
séparer, à Lexos, de la ligne de Paris à Toulouse, passe à Feneyrols,
à Saint-Antonin et à Cazals, rentre dans le Tarn et puis, à la station
de Bruniquel, revient de nouveau dans Tarn-et-Garonne, où il lui
reste à traverser les stations de Montricoux, de Négrepelisse, de
Saint-Étienne-de-Tulmont et de Villenouvelle, faubourg de Montauban. La gare de Villenouvelle est reliée à celle de Villebourbon
par une voie de raccordement qui traverse le Tarn sur un beau
viaduc. Cette voie de raccordement comprise, la ligne de Paris à
Montauban parcourt en tout dans Tarn-et-Garonne 60 kilomètres.
Par cette ligne, Montauban est à 729 kilomètres de Paris, tandis
que la distance est de 721 kilomètres seulement si l'on passe par
Périgueux et Agen. Le chemin de fer de Lexos à Montauban suit
les belles gorges de l'Aveyron.

3° La ligne *de Paris à Toulouse* n'a qu'un kilomètre dans Tarn-
et-Garonne, après s'être séparée à Lexos de la ligne de Paris à Montauban.

Un quatrième chemin de fer, en construction, doit relier Montauban
à Castres par la vallée du Tarn. Deux lignes d'intérêt local sont en
outre concédées, l'une pour relier Castelsarrasin à Lombez,
l'autre pour relier Moissac à Cahors.

Après les chemins de fer, le canal Latéral mérite une notice
spéciale, bien que son importance ait beaucoup diminué depuis
l'ouverture de la ligne ferrée de Bordeaux à Cette.

La création du **canal Latéral** est une conséquence du percement
du canal du Midi, dû à Riquet à la fin du xvii° siècle. Comme la

partie moyenne de la Garonne est très-peu favorable à la navigation, il fallut rendre le trajet des bateaux aussi commode entre Bordeaux et Toulouse qu'il l'était devenu entre Toulouse et Cette ; sans cela l'union commerciale des deux mers ne pouvait être considérée comme complétement réalisée. On résolut, en 1832, de creuser le long du fleuve, entre Castets (Gironde) et Toulouse, c'est-à-dire sur la partie qui offrait des obstacles, une voie navigable artificielle qui devait continuer le canal du Midi. Cette voie présente une longueur totale de plus de 200 kilomètres, dont 78 dans Tarn-et-Garonne, en tenant compte de l'embranchement de Montech à Montauban, long de 11 kilomètres. Le canal Latéral traverse le Tarn à Moissac sur un pont-viaduc. Le tirant d'eau est de 2 mètres. La pente totale, de 170 mètres, est rachetée par 72 écluses. Une partie des eaux (244 litres 25 centil. par seconde) est utilisée soit pour l'irrigation (271 hectares) des plaines, soit pour fournir à quelques usines la force motrice.

Le Tarn est officiellement navigable sur tout son parcours dans Tarn-et-Garonne ; mais pour le devenir réellement, il devrait être l'objet de travaux qui jusqu'ici ont paru trop coûteux aux différents gouvernements français.

Avec les chemins de fer et les voies officiellement navigables, le département compte aujourd'hui 6,001 kilomètres de voies de communication :

5 chemins de fer	141 kil.
7 routes nationales	252 1/2
Chemins vicinaux de grande communication (y compris les anciennes routes départementales) . . .	1,112 1/2
Chemins d'intérêt commun	806 1/2
Chemins de petite communication.	5,477 1/2
2 rivières officiellement navigables	133
Un canal de navigation, avec embranchement. . .	78
	6,001

XIII. — Dictionnaire des communes.

Aignan (Saint-), 551 h., c. de Saint-Nicolas. ➤ Église du XIIIᵉ s. ; restes d'un couvent de l'ordre de Fontevrault.

Albefeuille-et-Lagarde, 651 h., c. de Castelsarrasin. ➤ Grand tumulus de Toulvieu.

Albias, 1,175 h., c. de Négrepelisse.

Amans (Saint-), 400 h., c. de Montaigu.

Amans-de-Pellagal (Saint-), 652 h., c. de Lauzerte. ➤ Motte féodale ou oppidum celtique.

Angeville, 340 h., c. de Saint-Nicolas.

Antonin (Saint-), 4,924 h., ch.-l. de

c. de l'arrond. de Montauban, dans une situation pittoresque, sur la rive dr. de l'Aveyron. »»→ Au-dessus de la rive gauche, magnifiques rochers d'Anglars, dominant à pic la rivière, à une hauteur de 200 mèt. — Pont du xiii° s. — Belle église ogivale moderne. — Hôtel de ville (mon. hist.) du xii° s., le plus ancien qui existe en France et peut-être en Europe; rez-de-chaussée, largement ouvert par des arcades en ogive; au premier étage, galerie de colonnes ornées de chapiteaux variés et séparées par deux petits piliers sur lesquels s'appuient des figures en demi-relief; deuxième étage éclairé par deux fenêtres géminées; à g. du bâtiment, tour ayant servi de beffroi et de défense. — Maisons des xiii° et xiv° s., ornées de colonnettes et de sculptures. — Dolmens à Alliguières, Girbelle, Laveyrie, Maillolong, Malrigou, Pech-Dax, Peyrelevade, Raynal-Haut, Tabarly-de-Poulan, sur le Frau d'Anglars et sur le plateau de Sainte-Sabine. — Sur les hauteurs de la rive droite de l'Aveyron en aval de Saint-Antonin, belle grotte du Capucin, longue de près de 2 kilomètres et dont la voûte est ornée de belles stalactites.

Arnac, V. Varen.

Arroumex (Saint-), 355 h., c. de Saint-Nicolas.

Asques, 319 h., c. de Lavit.

Aucamville, 1,042 h., c. de Verdun.

Auterive, 202 h., c. de Beaumont.

Auty, 580 h., c. de Molières. »»→ Ancien château.

Auvillar, 1,706 h., ch.-l. de c. de l'arrond. de Moissac. »»→ Église du xii° s., remaniée au xvi°; beau retable du xvii° s.— Chapelle attribuée au pape Clément V.

Balignac, 140 h., c. de Lavit. »»→ Camp présumé romain.

Bardigues, 488 h., c. de Lavit. »»→ Motte féodale.

Barry-d'Islemade, 556 h., c. de Castelsarrasin.

Barthes (Les), 489 h., c. de Castelsarrasin.

Beaulieu, V. Ginals.

Beaumont-de-Lomagne, 4,515 h., c. de Castelsarrasin, ville bâtie sur plan régulier vers la fin du xiii° s. »»→ Belle

église du xiv° s., à large nef, défendue extérieurement par des mâchicoulis; clocher octogonal remarquable par son style, chaque étage est percé alternativement de fenêtres en ogive et de fenêtres en arc triangulaire. Cuve baptismale, en plomb, de 1583.

Beaupuy, 428 h., c. de Verdun.

Belbèze, 197 h., c. de Beaumont.

Belleperche, V. Cordes-Tolosane.

Belmontet, 852 h., c. de Monclar.

Belvèze, 594 h., c. de Lauzerte.

Bessens, 615 h., c. de Grisolles.

Bioule, 1,087 h., c. de Négrepelisse. »»→ Château du xiv° s.; restes de peintures murales.

Boudou, 669 h., c. de Moissac.

Bouillac, 1,118 h., c. de Verdun. »»→ Dans l'église, magnifiques reliquaires du xiii° s., provenant de l'abbaye de Grandselve. »»→ Ruines de l'abbaye cistercienne de Grandselve.

Bouloc, 554 h., c. de Lauzerte. »»→ Église : abside romane à curieux chapiteaux.

Bourgade (La), 562 h., c. de Saint-Nicolas. »»→ Château de Terride (xiv° s.); chapelle ogivale; cheminée ornée de colonnettes et de sculptures.

Bourg-de-Visa, 877 h., ch.-l. de c. de l'arr. de Moissac. »»→ Château ruiné.

Bourret, 856 h., c. de Verdun, au confluent de la Garonne et de la Tessonne. »»→ Restes d'un oppidum gaulois, dont les retranchements ont encore 10 mèt. de hauteur. — Dans l'église, belle cuve baptismale en plomb, du xii° s., ornée de sujets historiés.

Brassac, 881 h., c. de Bourg-de-Visa. »»→ Église du xiii° s., avec chapelle seigneuriale. — Grand château du xiii° s., flanqué de tours rondes.

Bressols, 885 h., c. de Montech.

Bruniquel, 1,660 h., c. de Montclar, sur le revers d'une colline escarpée dominant la rive gauche de l'Aveyron. »»→Au sommet de la colline, château célèbre (mon. hist. [1]), en partie ruiné, en partie restauré, des xii° et xvi° s.;

1. On appelle *monuments historiques* les édifices reconnus officiellement comme présentant de l'intérêt au point de vue de l'histoire de l'art, et susceptibles, pour cette raison, d'être subventionnés par l'État.

beaux détails de la Renaissance ; galerie ou belvédère d'où la vue est magnifique. A ce château se rattache à tort le souvenir de la reine Brunehaut, qui ne l'a jamais habité ; il s'appelait jadis *Bourniquel.* — Grottes jadis habitées. — Maisons gothiques des xiii° et xiv° s., ornées de corniches et de colonnettes. — Près de la Verrouille, débris de dolmens dont trois sont encore assez bien conservés. — Église romane à Saint-Maffre.

Campsas, 575 h., c. de Grisolles.

Canals, 475 h., c. de Grisolles.

Capelle-Livron (La), 585 h., c. de Caylus. ⟶ Église du xiii° s.

Castanet, 950 h., c. de Saint-Antonin.

Castelferrus, 625 h., c. de Saint-Nicolas.

Castelmayran, 880 h., c. de Saint-Nicolas. ⟶ Grand oppidum gaulois, long de 375 mètres, sur lequel est bâti le village.

Castelsagrat, 1,152 h., c. de Valence. ⟶ Église du xiii° s.; beau retable en bois sculpté du xvii° s. — Tour ruinée. — Autour de la place, galeries couvertes du xiv° s.

Castelsarrasin, 6,906 h., ch.-l. d'arrondissement, à 1 kil. de la rive dr. de la Garonne. ⟶ *Église Saint-Sauveur* (mon. hist.), des xii°, xiii° et xv° s. ; charmant clocher octogonal bâti sur la façade et formant lanterne intérieurement. — *Église Saint-Jean* (xv° s.). — Ruines de l'*église* ogivale *des Carmes :* petit clocher octogonal du xiii° s. — Aux environs, *chapelle Notre-Dame-d'Alem,* but de pèlerinage, et *camp de Gandalou,* présumé vandale, long de 500 à 520 mèt.; à l'un de ses angles s'élève une motte haute de 12 mèt.

Castéra-Bouzet, 454 h., c. de Lavit. ⟶ A Lamothe, camp présumé romain, long de 150 mèt. — Église des xii° et xiv° s.

Caumont, 635 h., c. de Saint-Nicolas.

Cause (Le, 441 h., c. de Beaumont.

Caussade, 4,066 h., ch.-l. de c. de l'arrond. de Montauban, sur la rive gauche du Candé. ⟶ A la Ren-

gade, restes d'un oppidum gaulois ou camp romain. — Autre ancien camp à Rocher. — Souterrains-refuges. — Beau clocher octogonal du xiv° s., sur un massif fortifié.

Caylus, 4,928 h., ch.-l. de c. de l'arrond. de Montauban, sur une colline dominant la Bonnette. ⟶ Église fortifiée du xiv° s. — Chapelle Notre-Dame-de-Livron (xiv° s.), but de pèlerinage très-fréquenté ; près de là, grottes jadis habitées.

Cayrac, 276 h., c. de Caussade.

Cayriech, 372 h., c. de Caussade. ⟶ Église romane.

Cazals, 491 h., c. de Négrepelisse. ⟶ Dolmens.

Cazes-Mondenard, 2,575 h., c. de Lauzerte. ⟶ Sous l'église, crypte d'où sort une fontaine.

Chapelle (La , 408 h., c. de Lavit. ⟶ Ancien château.

Cirice (Saint-), 287 h., c. d'Auvillar. ⟶ Église romane ; chapiteaux curieux.

Cirq (St- , 618 h., c. de Caussade. ⟶ Dolmen ruiné.

Clair (Saint- , 317 h., c. de Valence.

Comberouger, 303 h., c. de Verdun.

Corbarieu, 503 h., c. de Villebrumier. ⟶ Oppidum gaulois.

Cordes-Tolosanes, 603 h., c. de Saint-Nicolas. ⟶ Ruines de l'abbaye de Belleperche, au confluent de la Gimone et de la Garonne.

Cos, V. Lamothe-Capdeville.

Coutures, 202 h., c. de Saint-Nicolas.

Cumont, 270 h., c. de Beaumont.

Dieupentale, 596 h., c. de Grisolles. ⟶ Église : curieuse abside romane.

Donzac, 797 h., c. d'Auvillar. ⟶ Curieux clocher romano-ogival du xiii° s.

Dunes, 1,246 h., c. d'Auvillar. ⟶ Tour féodale. — Église romane ; beau retable du xvii° s.

Durfort, 1,350 h., c. de Lauzerte.

Escatalens, 1,000 h., c. de Montech. ⟶ Tombelle.

Escazeaux, 543 h., c. de Beaumont.

Espalais, 488 h., c. de Valence.

Esparsac, 601 h., c. de Beaumont.

Espinas, 788 h., c. de Caylus. »»→ Dolmen ruiné.

Étienne-de-Tulmont (Saint-), 913 h., c. de Négrepelisse.

Fabas, 285 h., c. de Grisolles.

Fajolles, 292 h., c. de Saint-Nicolas. »»→ Dans l'église, belle croix d'argent du xvi° s.

Faudoas, 711 h., c. de Beaumont.

Fauroux, 470 h., c. de Bourg-de-Vi-a.

Feneyrols, 648 h., c. de Saint-Antonin, sur l'Aveyron. »»→ Ancien château, restauré. — Restes d'une enceinte circulaire mégalithique.

Finhan, 1,515 h., c. de Montech. »»→ Clocher du xiv° s.

Française (La), 3,481 h., ch.-l. de c. de l'arrond. de Montauban, sur une colline dominant la rive dr. du Tarn.

Garde-Dieu (La), V. Mirabel.

Garganvillar, 767 h., c. de Saint-Nicolas.

Gariès, 439 h., c. de Beaumont.

Gasques, 516 h., c. de Valence. »»→ Églises ogivales de Salles et de Gasques.

Génébrières, 660 h., c. de Monclar.

Gensac, 357 h., c. de Saint-Nicolas. »»→ Camp ou oppidum gaulois, à Baragne.

Georges (Saint-), 408 h., c. de Caussade.

Gimat, 320 h., c. de Beaumont.

Ginals, 1,013 h., c. de Saint-Antonin. »»→ Près de la rive dr. de la Seye, belles ruines de Beaulieu ou Belloc, abbaye fondée en 1141 par saint Bernard ; vaste église du xiii° s., d'un style très-élégant et assez original, éclairée par des fenêtres d'une longueur démesurée et couverte au centre d'une coupole formant à l'extérieur une tour octogonale ; bâtiments des xv° et xvii° s. — Restes d'un camp gaulois ou romain, près de Mondou.

Glatens, 100 h., c. de Beaumont.

Goas, 99 h., c. de Beaumont.

Golfech, 760 h., c. de Valence.

Goudourville, 460 h., c. de Valence. »»→ Église des xii° et xv° s.; curieuse balustrade romane formée de seize niches abritant autant de statues.

Gramont, 602 h., c. de Lavit. »»→ Beau château des xiv° et xvi° s.

Grandselve, V. Bouillac.

Grisolles, 2,046 h., ch.-l. de l'arrond. de Castelsarrasin, près de la rive dr. de la Garonne. »»→ Dans la nouvelle église est conservé le portail de l'ancienne, curieux par ses sculptures romanes.

Honor-de-Los (L'), 1,524 h., c. de la Française.

Jean-du-Bouzet (Saint-), 234 h., c. de Lavit.

Juliette (Sainte-), 295 h., c. de Lauzerte.

Labarthe, 1,032 h., c. de Molières. »»→ Ancien château.

Labastide-de-Penne, 481 h., c. de Montpezat.

Labastide-du-Temple, 746 h., c. de Castelsarrasin.

Labastide-Saint-Pierre, 1,031 h., c. de Grisolles.

Labourgade, V. Bourgade (La).

Lacapelle-Livron, V. Capelle-Livron (La).

Lachapelle, V. Chapelle (La).

Lacour, 635 h., c. de Montaigu.

Lacourt-Saint-Pierre, 544 h., c. de Montech.

Lafitte, 446 h., c. de Saint-Nicolas.

Lafrançaise, V. Française (La).

Laguépie, 1,461 h., c. de Saint-Antonin, dans une situation pittoresque, au confluent du Viaur et de l'Aveyron.

Lamagistère, V. Magistère (La).

Lamothe-Capdeville, 773 h., c. (Est) de Montauban. »»→ Antique oppidum de Cos, dit le Tuc de Montmilan, au-dessous duquel était bâtie la ville romaine de *Cosa*. — A Ardus, église du xiv° s. et beau reliquaire du xii° s. provenant de l'abbaye de Grandselve.

Lamothe-Cumont, 523 h., c. de Beaumont.

Lapenche, 438 h., c. de Montpezat. »»→ Château ruiné.

Larrazet, 853 h., c. de Beaumont. »»→ Église des xiii° et xv° s.; beau retable du xvii° s. — Château du xv° s.; escalier monumental.

Lauzerte, 2,852 h., ch.-l. de c. de

Cloître de Moissac.

l'arrond. de Moissac, sur une colline dominant le Lendon et la Petite Barguelonne. ⟫⟶ Église du xiiiᵉ s. — Anciennes maisons.

Lavaurette, 578 h., c. de Caussade. ⟫⟶ Église ogivale surmontée de deux tours. — Château ruiné.

Lavilledieu, V. Villedieu (La).

Lavit, 1,524 h., ch.-l. de c. de l'arrond. de Castelsarrasin.

Léojac-et-Bellegarde, 440 h., c. de Montauban.

Lexos, V. Varen.

Lizac, 705 h., c. de Moissac.

Loup (Saint-), 596 h., c. d'Auvillar.

Loze, 479 h., c. de Caylus. ⟫⟶ A Trivalle, dolmen orné de dessins bizarres.

Magistère (La), 1,605 h., c. de Valence.

Malauze, 951 h., c. de Moissac. ⟫⟶ Restes d'un château.

Mansonville, 800 h., c. de Lavit. ⟫⟶ Église des xiᵉ et xvᵉ s. — Église romane au Grezas.

Marignac, 245 h., c. de Beaumont.

Marsac, 490 h., c. de Lavit.

Mas-Grenier, 1,525 h., c. de Verdun. ⟫⟶ Près de l'emplacement de l'ancienne abbaye, fontaine Saint-Jean, but de pèlerinage.

Maubec, 568 h., c. de Beaumont. ⟫⟶ Restes des fortifications du moyen âge.

Maumusson, 216 h., c. de Lavit.

Meauzac, 965 h., c. de Castelsarrasin.

Merles, 449 h., c. d'Auvillar.

Michel (Saint-), 725 h., c. d'Auvillar. ⟫⟶ Église du xiiᵉ s.

Mirabel, 1,515 h., c. de Cassade. ⟫⟶ Chapelle Notre-Dame-des-Misères, but de pèlerinage. — Restes de l'église et réfectoire voûté (xiiiᵉ s.) de l'abbaye de la Garde-Dieu, sur la rive g. de l'Embous.

Miramont, 686 h., c. de Bourg-de-Visa.

Moissac, 9,137 h., ch.-l. d'arrond., en amphithéâtre sur une colline de la rive droite du Tarn. ⟫⟶ *Église Saint-Martin*, des xᵉ et xiiiᵉ s.; restes d'un cloître du xiiiᵉ s. — *Saint-Pierre*, ancienne église de l'abbaye, bâtie au

xivᵉ s. sur des proportions grandioses à la place d'une église consacrée en 1060 et dont il reste le porche fortifié, composé de deux salles superposées. Le grand portail, ajouté au xiiᵉ s., qui donne entrée dans ce porche, est une merveille de sculpture romane ; à l'intérieur, sarcophage mérovingien, inscription dédicatoire de l'église du xiᵉ s., clôture en pierre de la Renaissance, bel orgue donné par Mazarin, groupe en bois peint du xvᵉ s. — *Cloître* bâti en 1100, un des plus remarquables de France; curieux chapiteaux à sujets bibliques ou allégoriques. — *Petit séminaire.* — Statue colossale de la *Vierge*, au sommet de la colline.

Molières, 2,510 h., ch.-l. de c. de l'arrond. de Montauban. ⟫⟶ Anciens manoirs d'Espanel et de Cantemerle.

Monbéqui, 432 h., c. de Grisolles.

Monclar, 1,983 h., ch.-l. de c. de l'arrond. de Montauban, sur une colline dominant le Tescounet.

Montagudet, 479 h., c. de Bourg-de-Visa.

Montaigu, 3,090 h., ch.-l. de c. de l'arrond. de Moissac.

Montain, 196 h., c. de Saint-Nicolas.

Montalzat, 1,033 h., c. de Montpezat.

Montastruc, 384 h., c. de la Française.

Montauban, 26,952 h., ch.-l. du départ., sur une colline et sur les berges de la rive droite du Tarn, à l'embouchure du Tescou. ⟫⟶ Un *pont* en briques, très-remarquable (mon. hist.); de sept arches ogivales, relie la ville à son faubourg de la rive gauche, Villebourbon. Il fut construit de 1303 à 1316 par deux architectes du pays, Estève de Ferrières et Mathieu de Verdun. Les tours qui le défendaient au moyen âge ont été détruites. — *Place Royale* ou *des Couverts*, bâtie en 1627, et d'un style original, bordée de portiques à doubles voûtes. — *Cathédrale* du xviiiᵉ s., sur l'emplacement de l'église Saint-Théodard ; dans la sacristie, *Vœu de Louis XIII*, l'un des plus beaux tableaux d'Ingres. — *Monument d'Ingres*, par Étex (1871); bas-relief représentant l'*Apothéose d'Homère*, autre tableau d'Ingres. — *Sainte Germaine*, tableau d'Ingres, dans l'église de Sapiac. — *Église Saint-Jean*, à Villenouvelle, bàtie en 1880. style du XIIIᵉ s. — *L'hôtel de ville*, primitivement palais des comtes de Toulouse, puis résidence des évêques, reconstruit au XIVᵉ et surtout au XVIIᵉ s., renferme des salles voûtées de style gothique où est établi le *musée archéologique* (inscriptions romaines ; débris sculptés provenant de l'église Saint-Théodard et d'autres édifices du moyen âge ; pierres tombales des XIVᵉ et XVᵉ s.). Six pièces du premier étage renferment le *musée d'art*, où se trouvent, outre

Cathédrale de Montauban.

quelques antiquités étrusques et romaines, une statue grecque originale, en marbre de Paros, le buste d'Ingres, un de ses principaux chefs-d'œuvre : *Jésus parmi les docteurs*, et le *musée Ingres*, une des plus précieuses collections des départements français, comprenant divers objets ayant appartenu au maître, sa bibliothèque, la couronne d'or que lui offrit sa ville natale en 1865, plusieurs tableaux de sa main ou ayant fait partie de sa collection, et presque tous ses dessins. Parmi les toiles du musée proprement dit, on remarque celles qui ont pour auteurs Couder, Greuze, Jouvenet, Mignard, Rigaud et Bellini. L'hôtel de ville renferme aussi la *bibliothèque*, comprenant 50,000 vol., et riche en éditions du xvi⁰ s. — Dans l'hôtel de la *Bourse* est installé un magnifique *musée d'histoire naturelle*, dont la partie la plus originale et la plus remarquable est la collection d'objets préhistoriques trouvés dans les grottes de Bruniquel. — Belles *promenades*.

Montbarla, 519 h., c. de Lauzerte. ⟫⟫→ Château ruiné.

Montbartier, 656 h., c. de Montech. ⟫⟫→ Tombelles. — Deux mottes militaires.

Montbeton, 855 h., c. de Montech.

Montech, 2,720 h., ch.-l. de c. de l'arrond. de Castelsarrasin. — Clocher du xiv⁰ s. ⟫⟫→ Restes de retranchements, dans la forêt. — A la Grange-Lassalle, belle grange abbatiale fortifiée, bâtie au xiii⁰ s., par les moines de Grandselve.

Monteils, 761 h., c. de Caussade. ⟫⟫→ Retranchements antiques ou oppidum, à Guillaynes.

Montesquieu, 1,111 h., c. de Moissac.

Montfermier, 265 h., c. de Montpezat. ⟫⟫→ Château ruiné et motte militaire, à Lesparre.

Montgaillard, 511 h., c. de Lavit. ⟫⟫→ Retranchements antiques ou oppidum, au Tuco.

Montjoy, 574 h., c. de Valence. ⟫⟫→ Église du xii⁰ s. — Restes de fortifications.

Montpezat, 2,587 h., ch.-l. de c. de l'arrond. de Montauban. ⟫⟫→ Belle église du xiv⁰ s., ancienne collégiale (mon. hist.), possédant de magnifiques tapisseries du xv⁰ s. qui représentent la légende de saint Martin de Tours; des autels en pierre du xv⁰ s.; des diptyques d'argent, du xiv⁰ s., renfermant des reliques; deux anges, du xiv⁰ s.; de curieux coffrets en bois, et deux tombeaux en marbre blanc, des xiv⁰ et xv⁰ s. — Maisons anciennes.

Montricoux, 1,557 h., c. de Négrepelisse, sur les berges de la rive dr. de l'Aveyron. ⟫⟫→ Restes d'un château du xiii⁰ s. (donjon rectangulaire flanqué de contre-forts) et des fortifications

de la ville. — Église du xiv⁰ s.; beau clocher octogonal. — Tombelle gauloise des Paillas, entourée de nombreux silos ou greniers souterrains. — Dolmens au Combarel-Fourcut, au Jays-Vieilh, au Pech-de-Breton et au Pech- d'Enrouan.

Mouillac, 292 h., c. de Caylus.

Nauphary (Saint-), 978 h., c. de Villebrumier.

Nazaire (Saint-), 780 h., c. de Bourg-de-Visa.

Négrepelisse, 2,895 h., ch.-l. de c. de l'arrond. de Montauban, sur la rive g. de l'Aveyron. ⟫⟫→ Beau clocher du xiv⁰ s., à base fortifiée. — Tombelle, près des Brunis.

Nicolas-de-la-Grave (St-), 2,788 h., ch.-l. de c. de l'arrond. de Castelsarrasin, près de la rive g. de la Garonne. ⟫⟫→ Église du xii⁰ s. — Château bâti par Richard Cœur-de-Lion. — Beau pont suspendu sur la Garonne, composé de trois larges travées franchissant le fleuve, et d'une quatrième travée jetée sur le canal Latéral; il est précédé, sur la rive dr., d'un viaduc en pierre sous lequel passe le chemin de fer de Bordeaux à Cette.

Nohic, 522 h., c. de Grisolles.

Notre-Dame-de-Livron, *V.* Caylus.

Orgueil, 555 h., c. de Grisolles.

Parisot, 1,584 h., c. de Saint-Antonin. ⟫⟫→ Église du xiii⁰ s.; deux belles croix; reliquaire du moyen âge. — Chapelle Saint-Clair, but de pèlerinage. — Anciens châteaux de Labro et de Cornusson.

Paul-d'Espis (Saint-), 1,189 h., c. de Moissac. ⟫⟫→ Église des xiii⁰ et xv⁰ s. — Vieux manoir de la Chapelle-Lauxières.

Perville, 346 h., c. de Valence.

Pin (Le), 286 h., c. d'Auvillar.

Piquecos, 417 h., c. de la Française. ⟫⟫→ Grande motte militaire. — Église et château du xiv⁰ s.

Pommevic, 569 h., c. de Valence. ⟫⟫→ Église des xii⁰ et xv⁰ s.

Pompignan, 640 h., c. de Grisolles. ⟫⟫→ Beau château du xviii⁰ s., qui appartint à Le Franc de Pompignan.

Porquier (Saint-), 1,224 h., c. de Montech. ⟫⟫→ Tombelle. — Camp présumé romain.

Poupas, 552 h., c. de Lavit. ⟶ Motte. — Château ruiné.

Projet (Saint-), 1,292 h., c. de Caylus. ⟶ Dolmen dit la Peyrade del Cartayrou.

Puycornet, 1,094 h., c. de Molières. ⟶ Ancien château de Lisle.

Puygaillard, 590 h., c. de Monclar. ⟶ Retranchements antiques ou oppidum. — Motte de Gougirans-Bas.

Puyguillard, 285 h., c. de Lavit.

Puylagarde, 1,122 h., c. de Caylus.

Puylaroque. 2,037 h., c. de Montpezat. ⟶ Grande motte.

Réalville, 1,621 h., c. de Caussade. ⟶ Ruines de la ville d'Almont, abandonnée en 1311.

Reyniès, 846 h., c. de Villebrumier. ⟶ Château du xive s., restauré en 1787.

Roquecor, 1,005 h., c. de Montaigu.

Monument d'Ingres, à Montauban.

⟶ Grand oppidum sur le promontoire d'Espermons-Haut.

Sardos (Saint-), 990 h., c. de Verdun.

Sauveterre, 658 h., c. de Lauzerte.

Septfonds, 1,452 h., c. de Caussade, bourg fondé au xiie s. ⟶ Huit dolmens.

Sérignac, 1,115 h., c. de Beaumont.

Sistels, 595 h., c. d'Auvillar. ⟶ Église du xiie s. — Maison du xve s.

Touffailles, 960 h., c. de Bourg-deVisa. ⟶ Deux tours, restes d'un château. — Grande motte, dite la Tuque de Bazin.

Tréjouls, 541 h., c. de Lauzerte.

Vaissac, 1,427 h., c. de Négrepelisse.

Valeilles, 550 h., c. de Montaigu

➬—➤ Église des XII° et XIV° s.; beau portail roman.

Valence, 3,699 h., ch.-l. de c. de l'arrond. de Moissac, près de la rive dr. de la Garonne.

Varen, 1,812 h., c. de Saint-Antonin, sur la rive dr. de l'Aveyron. ➬—➤ Curieuse église romane à trois nefs, avec assez belle tour; autel antique servant de bénitier — Restes d'un château du XIII° s. — A Arnac, église du XIV° s. entourée de fortifications et renfermant un joli médaillon peint du XIII° s. — A Lexos, jolie gare d'embranchement des chemins de fer de Paris à Montauban et de Paris à Toulouse.

Varennes, 616 h., c. de Villebrumier.

Vazerac, 1,555 h., c. de Molières.

Verdun, 3,631 h., ch.-l. de c. de l'arrond. de Castelsarrasin, sur la rive g. de la Garonne. ➬—➤ Église du XIII° s.; cuve baptismale en plomb, du XIII° s. — Porte fortifiée du XIV° s.

Verfeil, 1,067 h., c. de Saint-Antonin.

Verlhac-Tescou, 901 h., c. de Villebrumier. ➬—➤ Dans l'église, belle cuve baptismale du XII° s.

Vigueron, 286 h., c. de Beaumont.

Villebrumier, 644 h., ch.-l. de c. de l'arrond., de Montauban, sur la rive dr. du Tarn.

Villedieu (La), 955 h., c. de Montech. ➬—➤ Restes d'une commanderie de Templiers.

Villemade, 575 h., c. (Est) de Montauban. ➬—➤ Clocher du XIV° s. — Château ruiné.

Vincent (Saint-), 609 h., c. de Caussade.

Vincent-Lespinasse (St-), 371 h., c. de Moissac. ➬—➤ Château ruiné. — Église des XII° et XV° s.

1606 — Imprimerie A. Lahure, rue de Fleurus, 9, à Paris.

TARN-ET-GARONNE

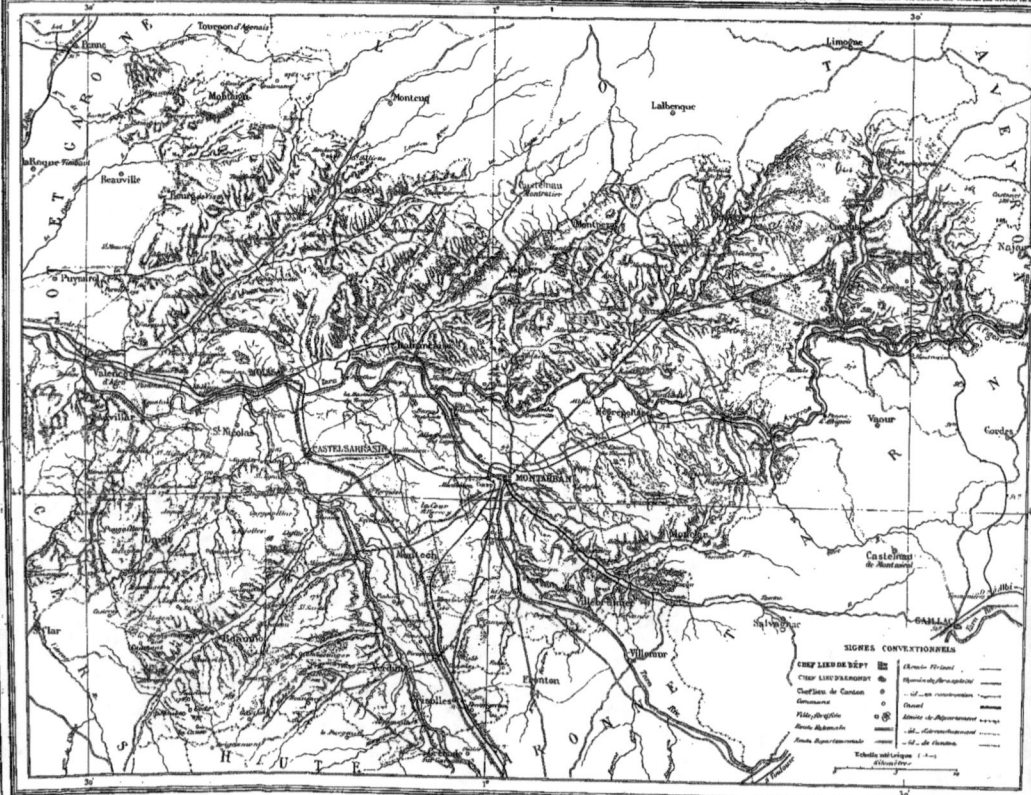

SIGNES CONVENTIONNELS

CHEF LIEU DE DÉP.T
CHEF LIEU D'ARRON.T
Chef lieu de Canton
Commune
Ville fortifiée
Route Nationale
Route Départementale

Chemin Vicinal
Chemin de Fer exploité
— id — en construction
Canal
Limites de Département
— id — d'Arrondissement
— id — de Canton

Échelle métrique (1/ —)
Kilomètres

LIBRAIRIE HACHETTE ET Cⁱᵉ,

A PARIS, BOULEVARD SAINT-GERMAIN, 79

NOUVELLE COLLECTION DES GÉOGRAPHIES DÉPARTEMENTALES

PAR AD. JOANNE

FORMAT IN-12 CARTONNÉ

Prix de chaque volume. . . . . 1 fr.

(Janvier 1881)

74 départements sont en vente

EN VENTE

Ain.	11 gravures, 1 carte.		Jura	12 gravures, 1 carte.		
Aisne.	20	1	Landes.	11	1	
Allier.	27	1	Loir-et-Cher. . .	13	1	
Alpes-Maritimes.	15	1	Loire.	16	1	
Ardèche	12	1	Loire-Inférieure.	18	1	
Ariége	8	1	Loiret.	22	1	
Aube.	14	1	Lot.	8	1	
Aude.	9	1	Lot-et-Garonne.	12	1	
Basses-Alpes. .	10	1	Maine-et-Loire. .	22	1	
Bouch.-du Rhône	21	1	Manche.	13	1	
Calvados	11	1	Marne	12	1	
Cantal.	14	1	Meurthe — et —			
Charente.	15	1	Moselle.	17	1	
Charente-Infér..	14	1	Morbihan. . . .	13	1	
Cher	12	1	Nièvre	9	1	
Corrèze.	11	1	Nord..	17	1	
Corse.	11	1	Oise..	10	1	
Côte-d'Or. . . .	21	1	Orne.	15	1	
Côtes-du-Nord .	10	1	Pas-de-Calais. .	9	1	
Deux-Sèvres.. .	14	1	Puy-de-Dôme. .	16	1	
Dordogne. . . .	14	1	Pyrén.-Orient. .	15	1	
Doubs	13	1	Rhône.	19	1	
Drôme	13	1	Saône-et-Loire..	25	1	
Eure-et-Loir . .	17	1	Sarthe..	16	1	
Finistère	16	1	Savoie	14	1	
Gard.	12	1	Seine-et-Marne .	15	1	
Gers	11	1	Seine-et-Oise.. .	17	1	
Gironde	15	1	Seine-Inférieure.	15	1	
Haute-Garonne .	12	1	Somme..	12	1	
Haute-Saône.. .	12	1	Tarn	11	1	
Haute-Savoie . .	19	1	Tarn-et-Garonne	8	1	
Haute-Vienne. .	11	1	Var.	12	1	
Hautes-Alpes. .	18	1	Vaucluse	16	1	
Hautes-Pyrénées	14	1	Vendée.	14	1	
Ille-et-Vilaine. .	14	1	Vienne.	15	1	
Indre	22	1	Vosges	16	1	
Indre-et-Loire. .	21	1	Yonne	17	1	
Isère.	10	1				

IMPRIMERIE A. LAHURE, RUE DE FLEURUS, 9, A PARIS.